혼돈과 질서

인문학의 눈으로 본 세상의 균형과 조화에 대한 이야기

혼돈과질서

곽한영 지음

사람의무늬

저는 대학에서 예비사회교사들에게 법을 가르치고 있습니다. 또 간간이 현직 교사분들이나 일반인들을 대상으로 하는 교양강좌에서 강의하기도 합니다. 그런데 강의를 할 때마다 의아하게 느껴지는 것은 많은 분들이 '법'이라고 하면 곧바로 '실정법'을 떠올리고, '법 교육'이 저의 전공이라고 소개하면 이를 곧바로 '준법교육'으로 받아들이는 것이었습니다. 그래서 늘 첫 강의는 준법교육의 한계와 함께 법이 가지고 있는 임의적이고 가변적인 성격을 설명하는 것으로 시작하곤 했습니다.

공동체의 규칙을 준수하는 것은 분명 공동체의 운영과 발전을 위해 중요한 일입니다. 하지만 '이미 존재하고 있는 법'을 절대시하고, 구성원들에게 이를 일방적으로 준수하도록 강요하는 것은 법을 소수의 손에 내맡기고 나머지 다수의 구성원들은 통치의 대상으로 '소외'

시킨다는 점에서 민주주의를 위협하는 위험한 발상이 될 수 있습니다.

하지만 이런 '법적 소외'가 통치를 용이하게 하려는 '소수의 음모'에서 비롯한 것이라는 음모론적 시각에도 문제가 있습니다. 규칙을 맹목적으로 따르고자 하는 마음은 사실 인간 내면에 보편적으로 존재하고 있는, 두려움에 깊이 뿌리박힌 현상이라고 보는 것이 타당할 것입니다. 생존의 필요 때문에 질서를 우선시하고 혼돈을 두려워하는 마음이 커져 이런 경직을 가져온 것이지요.

이 책은 성균관대학교 출판부에서 주최한 공모전을 계기로 쓴 원고가 바탕이 되었습니다. '문화의 대립항'이라는 공모전의 주제를 보자마자 평소 가지고 있던 문제의식이 이 화두와 결합하면서 곧바로 '혼돈과 질서'라는 제목이 떠올랐습니다. 우리가 법에 대해 가지고 있는 강박, 그와 쌍둥이처럼 따라다니는 거부감. 도대체 우리는 왜 그렇게 질서에 붙잡혀 있는가, 왜 그토록 혼돈을 두려워하는가, 왜 혼돈과 질서는 서로 대립하고 배제해야 하는 극단적 관계로만 받아들여질까.

이 책은 질서의 본질과 혼돈의 의미, 그 둘이 맺는 순환적 관계를 인문학적으로 성찰해보려 한 노력의 결과물입니다. 저는 이해와 예측과 통제를 가능하게 한 '질서'의 중요성만큼이나, 경계를 넘어서고 창조의 동력을 만들어내며 주류에서 밀려나 주변에 머무를 수밖에 없는 사람들의 아픔을 되돌아보게 만드는 '혼돈'의 가치가 재인식될 필요가 있다고 생각했습니다. 질서에의 강요는 사회를 경직시키고 변화와 발전을 가로막으며 더 나아가 엄청난 폭력으로 이어질 수 있습니다. 반대로 혼돈으로 가득한 세상에서는 아무도 안정된 삶을 살아갈 수 없겠죠. 저는 이 책을 통해 혼돈과 질서가 서로를 고양시켜 우리를

혼돈과 질서

더 높고 새로운 단계로 나아가게 만들어주는 길항관계에 있음을 보여주고 싶었습니다.

이 책은 혼돈과 질서에 관한 이야기이자 불법과 합법에 관한 이야기이며 궁극적으로 민주주의에 관한 이야기입니다. 혼돈과 질서는 그렇게 명확하게 구분 가능한 것이 아닙니다. 겹겹이 쌓인 다양한 삶의 지층들 중 어떤 것들은 사람들의 합의와 시대의 필요에 의해 선택되어 '질서'라고 명명되고, 나머지는 '혼돈'으로 몰아붙여지는 것입니다.

이런 과정은 다양성의 배제를 통한 동질화의 형태를 띠게 됩니다. 민주주의에 가장 큰 위협은 골치 아픈 다양성을 모조리 배제하고 '단순한 세상'을 만들려는 '게으름'입니다. 저는 2016년 우리가 부닥치고 있는 가장 심각한 도전이 바로 이 다양성에 대한 부정이라 생각합니다. 가공할 만한 테러와 이민자 문제 그리고 도저히 포섭 불가능할 것 같은 이질성의 문제로 골머리를 앓고 있는 지구촌 곳곳에서 '순수'을 주장하는 극우의 주장들이 도도한 흐름으로 세를 불려가고 있습니다. 세월호 희생자들의 아픔과 위안부 할머니들의 고통조차 '잡음'으로 치부하는 몰상식이 상식의 지위로 올라서는 야만의 시대를 우리는 힘겹게 통과하고 있습니다.

저는 혼돈을 두려워하지 않고, 다양함을 반드시 필요한 가치로 받아들이는 데 도움이 되길 바라며 이 책을 썼습니다. 더 많은 사람들에게 이런 이야기를 전하기 위해서 보다 친근한 말하기가 필요하다고 생각했습니다. 그래서 마치 앞에 있는 사람에게 말을 걸듯 구어체의 문장으로 글을 서술하고, 신화나 영화 그리고 우리 주변의 흔한 이야기들로부터 이야기를 끌어내려고 노력했습니다.

책을 쓰는 동안 많은 것을 생각하고 배울 수 있었습니다. 즐겁고 충만한 시간들이었습니다. 부디 이 글들이 저에게 그랬던 것처럼 다른 분들에게도 잠든 생각을 흔들어 깨우는 신선하고 놀라운 경험을 선물할 수 있기를 기대합니다.

2016년 새해를 맞으며
필자

목차

이 책은 혼돈과 질서의 개념과 속성을 다양한 알레고리를 통해 깊이 생각해보기 위해 쓰였습니다. 글도 되도록이면 사건 발생의 연대기를 고려해 시간 순으로 배치했습니다. 조감을 위해 간략하게 주요 내용들을 개괄해보았습니다.

1. 신화, 태초의 질서

세계 여러 나라의 신화들은 혼돈과 질서에 관한 이야기로 시작됩니다. 혼돈은 현재의 세계가 성립되기 이전의 나쁜 상태로, 그리고 질서는 지금 세계가 지니고 있는 좋은 상태로 묘사되곤 하지요. 그렇다면 왜 이런 인식의 구분이 생기게 된 것일까요. 차라리 혼돈과 질서는 객관적인 상태가 아니라 주관적인 선택이라고 보아야 하지 않을까요?

2. 척도의 탄생

척도의 탄생을 통해 우리는 '질서의 주관성' 혹은 '임의성'을 가장 극명하게 확인해볼 수 있습니다. 우리가 사용하는 도량형은 그것이 '옳은' 것이라서가 아니라 그렇게 정하기로 다수의 사람들이 '합의'했기 때문에 효력을 발휘하고 있는 것이지요. 미터법 혁명의 과정을 통해 척도의 질서가 갖는 사회적 의미를 살펴보겠습니다.

3. 배트맨과 조커

근대의 이성중심주의는 절제, 이성, 논리가 세상을 이해하고 통제하는 가장 효과적인 방식이라는 사고를 낳았습니다. 하지만 과연 정상과 비정상을 구분해내어 이성적 질서를 구현하려는 근대의 이 기획은 성공을 거둘 수 있을까요? 개인적으로는 이성적인 슈퍼히어로의 대명사인 배트맨도 자기 정체성에 본질적인 회의를 갖고 있는 혼란스런 존재란 생각입니다. 그렇다면 과연 배트맨은 혼돈의 대명사인 조커를 처단할 수 있을까요? 둘의 관계를 빛과 그림자라고 한다면, 그림자 없는 빛이 존재할 수 있는 것일까요?

4. 공포의 질서

질서를 만들어내는 또 다른 방식이 '공포'입니다. '무법보다 악법이 낫다'는 말은 공포를 통한 질서라도 혼란보다는 낫다는 일반의 인식을 반영합니다. 하지만 공포를 통해 정말 의미 있는 질서가 만들어질 수 있을까요? 마피아의 궤변 그리고 냉전시기 인류를 멸망 직전의 상황으로 몰고 갔던 미국·소련 간의 '공포의 균형'을 통해 공포의 질서가 갖는 한계에 대해 생각해보았습니다.

5. 복수는 나의 것

복수는 사적인 차원에서 정의를 구현하기 위해 가장 흔히 선택되는 방식입니다. 내가 입은 손해만큼 상대방에게도 손해를 입힘으로써 '원래 상태'로 복귀하게 된다는 점에서, 이를 질서의 회복으로 여길 법도 합니다. 하지만 국가는 이러한 '자력구제'를 사회적 혼란의 요소로 보고 엄격하게 규제합니다. 하지만 어떤 사회에서는 복수가 그 자체로 규범으로 받아들여지기도 합니다. 질서의 도구인 동시에 혼돈의 씨앗이 되는 복수. 이를 통한 질서는 가능한 것이거나 바람직한 것일까요?

6. 애플과 안드로이드의 대결

'닫힌' 질서와 '열린' 질서 가운데 우리는 늘 열린 질서가 우월한 가치를 지닌다고 배워왔습니다. 하지만 폐쇄적 시스템의 대표 격인 애플사가 스마트폰과 컴퓨터 시장에서 승승장구하는 모습을 보면, 과연 이러한 우리의 인식이 올바른 것인지 의문도 듭니다. 그렇다면 닫힌 질서는 '더' 안정적이고 열린 질서는 '더' 창조적이라고 정리하면 끝나는 문제일까요?

7. 쥬라기 공원 그리고 해적의 경우

인간은 질서에 집착합니다. 생존을 위해서는 질서가 유리하기 때문이라지만, 때로는 생명을 버리면서까지 질서에 매달립니다. 왜 그런 현상이 벌어지는 것일까요? 카오스 이론에 의하면 애초에 완벽한 질서란 불가능합니다. 나아가 질서의 추구를 통해 동질화돼버린 사회는 필연적으로 극단화라는 폭력에 빠져들기도 합니다. 그렇다면 무엇이 혼돈이고 무엇이 질서일까요? 이 둘의 관계는 어떻게 설정되어야 하는 것일까요?

1

신화,
태초의 질서

어느 공동체에나 세상의 시작을 설명하는 신화는 있습니다. 구체적인 설정은 다르지만 대개 신화 속에서 '처음'은 뭐가 뭔지 알 수 없는 거대한 혼돈만이 존재하는 것으로 묘사됩니다. 그러다가 어떤 계기로 선과 악, 빛과 어둠, 옳음과 그름이 나뉘어져 질서 있는 상태인 현재가 만들어지지요. 하지만 아무도 실제로 그 처음을 목격한 이는 없으므로 과연 처음에 혼돈이 존재하긴 했는지 알 도리는 없습니다. 게다가 현재의 혼란스러운 상태를 이해하기 위해 사후에 짜 맞춰 만든 이야기가 신화라는 것을 이해하면, 혼돈은 과거의 기억이 아니라 현재의 상태를 의미하는 것이 아닐까 하는 의구심도 듭니다. '혼돈과 질서' 혹은 '카오스와 코스모스', 영원한 문화의 대립항으로 존재하게 될 두 단어는 이렇게 시작됩니다.

태초에 빛이 있었다.
그리고 어둠이…

저는 대학에서 사회교사들을 길러내고 있습니다. 사회 과목이 원래 약간 추상적인 내용들을 다루다보니, 선생님들이 가르치실 때 어려움을 겪는 경우가 많습니다. 특히 늘 애를 먹이는 것이 '사회계약설'과 관련된 내용입니다. "사회는 시민들의 계약을 통해 만들어진 거야"라고 설명하면, 그냥 그러려니 하고 수업을 듣는 학생들만 있는 경우엔 별 문제가 없는데 스스로 뭔가 생각해보려는 학생들은 으레 "어, 선생님, 저는 그런 계약을 한 적이 없는데요"라고 되묻기 때문입니다. 그렇다고 몇 백 년쯤 시간을 거슬러 올라가면 '처음' 계약을 한 사람이 있는 것도 아니니, 설명하기는 더욱 난감해집니다.

사실 사회계약설은 '계약의 체결 →사회의 형성'의 순서로 이루어진 것이 아니라, 이미 존재하고 있는 사회의 주인으로서 시민의 권리를 부각시키기 위해 사후에 '계약을 통해 사회가 구성됐다고 이해하자'는 주장입니다. 즉, 논리적인 순서가 아닌 현실적 순서로 따지자면, 오히려 '사회의 존재→계약의 설정'으로 보는 것이 타당할 것입니다.

혼돈과 질서의 관계도 이와 비슷합니다. 우리가 살고 있는 사회는 이미 어떤 종류의 질서가 존재하고 있는 상태이지요. 따라서 '질서 이전의 상태'를 의미하는 '혼돈'은, 그리고 혼돈에서 질서로 이행하는 과정의 이야기들은 순전히 상상의 산물일 수밖에 없습니다. 지금의 질서가 어떤 의미를 지니는 것인지 설명하기 위해 공동체의 구성원들이 공유하는 이런 이야기들을 우리는 '신화'라고 부릅니다.

전 세계에서 발견되는 다양한 신화들에서 세상이 만들어지는 과정을 설명하는 내용들을 살펴보면 몇 가지 공통적인 내용들이 반복되는 것을 알 수 있습니다.

대개 그 시작은 혼돈과 어둠입니다. 『구약성서』의 창세기에는 "땅이 혼돈하고 공허하며 흑암이 깊음 위에 있고"라는 구절이 나옵니다. 중국의 창세기라고 할 수 있는 『반고 신화』에서도 천지가 생겨나기

『반고 신화』
3세기경 중국의 창세 신화를 최초로 기록한 『삼오역기(三五曆記)』에 나온 신화로, 여기서 태초에 우주의 모습은 한 덩어리의 혼돈으로 큰 달걀과 같았습니다. 중국인들의 시조 반고는 1만8천 년 동안을 잠만 자다 깨어났을 때 보이는 것이라고는 어둠뿐이었다고 합니다. 화가 난 그는 어두운 혼돈을 향해 큰 도끼를 휘둘렀고, 그러자 달걀이 깨지면서 그 속에 있던 맑은 기운이 하늘이 되고, 탁한 기운은 땅이 됐다고 합니다.

혼돈과 질서

이전에는 단지 어둡고 희미한 혼돈만이 존재한 것으로 묘사됩니다.

여기서 혼돈과 어둠이라는 서로 약간 다른 이미지가 늘 동시에 등장하는 것에 주목해볼 필요가 있습니다. '어둠'은 사실 '존재하는 것'이 아닙니다. 빛이 없는 네거티브한 모든 상태의 총칭에 가깝습니다. 여기서 핵심은 '빛이 없다'가 아니라 '어둠 안에 무엇이 있는지 알 수 없다'입니다. 같은 맥락에서 '혼돈'은 '무질서가 있는' 상태가 아니라 '뭐가 뭔지 알 수 없는 상태'라고 할 수 있을 것입니다. 즉, 세상이 '존재하기' 이전의 상태는 '존재하지 않는' 상태, '없음이 있는' 상태인 것입니다.

여기에 이어지는 다음 단계가 '있음'이 만들어지는 창조의 단계입니다. 없음으로부터 있음이 발생한다는 점에서 진흙과 바다의 이미지가 자주 등장합니다. 『구약성서』에서도 진흙으로부터 인간이 창조되는 과정이 등장하지만, 중국 신화에서 여와(女媧)도 황토 흙을 반죽해 그 안에 생명을 불어넣어 인간을 만들었고, 슬라브 신화에서도 신들이 진흙으로부터 세상을 창조했다는 이야기가 전해집니다. 또한 이집트 신화에서는 태초의 암흑 바다인 아비스(Abyss)로부터 세상이 솟아나왔다고 묘사됩니다.

하지만 신화에서 더 선호되는 창조의 방식은 태초의 혼돈을 상호 대립하는 두 대상으로 구분·분리하여 긴장감을 통해 질서를 발생시키는 것입니다. 가장 흔한 구분은 빛과 어둠의 대립입니다. 슬라브 신화에서는 파괴와 어둠, 그림자와 밤을 상징하는 '쵸르니보그(Chernjbog)'와 빛과 창조, 낮과 선의의 상징인 '벨로보그(Belobog)'[1]라는 두 신이 대결을 벌여 벨로보그가 승리를 차지함으로써 '위'가 되

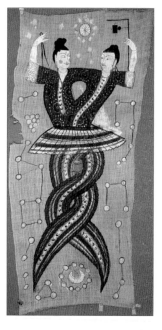

〈여와와 복희〉
여와는 중국 신화에서 인간을 창조한 것을 알려
진 여신이며, 복희와 남매로 구전됩니다. 왼쪽이 여
와이고 오른쪽이 복희입니다(8세기, 실크에 채색,
85×184cm, 신장위구르자치구박물관 소장).

고 쵸르니보그가 '아래'로 떨어지는 과정에서 세상의 질서가 탄생한
것으로 설명하고 있습니다.

메소포타미아 설화에서 혼란과 악의 여신 티아마트(Tiamat)와 싸
운 전사 마르두크(Marduk)가 승리를 거둔 후 한 행동은 이런 분리를
좀 더 잔인하고 분명한 방식으로 보여줍니다. 마르두크는 티아마트
의 몸을 잘라 그녀의 상반신으로 하늘과 별을, 하반신으로 땅을 만들
었습니다. 여기서 그치지 않고 젖가슴을 잘라 산을 만들고 그녀의 눈
물로 티그리스 강과 유프라테스 강을 만들었습니다. 『구약성서』에서
"하나님이 빛과 어둠을 나누사…… 궁창 아래의 물과 궁창 위의 물로
나뉘게 하시니…… 하나님이 궁창을 하늘이라 부르시니라"라고 묘사

혼돈과 질서

된 구절도 이런 분리·구분을 통한 창조의 전형을 보여준다고 할 수 있습니다.

혼돈·창조에 이어지는 과정은 '선호'의 등장입니다. 존재가 만들어지고 나면 각 대상들에 대해 '좋음'과 '나쁨'이 선택적으로 제시됩니다. 대개 이런 선호는 '선'과 '악'이라는 이름으로 나타납니다. 당연히 밝음, 빛, 낮은 '선'으로 구분되고 어둠, 검은색, 밤은 '악'으로 여겨집니다. 앞서 말씀드린 슬라브 신화에서도 악신인 쵸르니보그와 선한 신 벨로보그의 전투가 묘사되지만, 선과 악의 대립을 보여주는 가장 대표적인 신화는 고대 페르시아의 조로아스터교가 아닐까 합니다. 조로아스터교의 경전 『아베스타(Avesta)』의 내용에 의하면, 태초에 유일신 아후라 마즈다에서 두 개의 영혼이 나왔는데, 하나는 천사 '스펜타 마이뉴(spentas mainyu)'이고 다른 하나는 악을 택한 사탄 '앙그라 마이뉴(angra mainyu)'라고 합니다. 지혜와 빛, 최고의 선을 상징하는 유일신 아후라 마즈다는 악을 상징하는 앙그라 마이뉴와 끊임없이 대립하며 전투를 벌이는 것으로 묘사됩니다.

사실 조로아스터교만큼 극적이진 않지만 오히려 더욱 노골적인 방식으로 빛과 어둠에 대한 선호를 드러낸 것은 『구약성서』가 아닌가 합니다. 「창세기」 편에는 이런 표현이 있습니다.

하나님이 이르시되
빛이 있으라 하시니 빛이 있었고
빛이 하나님이 보시기에 좋았더라
하나님이 빛과 어둠을 나누사

이런 선호의 구분은 혼돈과 질서를 악과 선으로 쉽게 등치시키는 일반인들의 인식과도 일치하는 것으로 보입니다. 하지만 이렇게 여러 신화들을 종합적으로 살펴보노라면 묘한 위화감도 느껴집니다. 말씀 드린 바와 같이 창세기 신화의 일반적인 구성은 대략 다음의 순서를 따릅니다.

첫 번째 단계, 태초의 혼돈 → 세계의 창조
두 번째 단계, 세계의 구분 → 선과 악의 분리·대립
세 번째 단계, 선의 승리 → 현재의 완성

우리는 흔히 '혼돈=악, 질서=선'이라는 구분에 익숙하지만 적어도 첫 번째 단계에서 혼돈은 뭐가 뭔지 알 수 없는, 미분화된 상태일 뿐, 그 자체로 선하다거나 악하다는 판단이 개입될 수 있는 대상이 아닙니다. 첫 번째 단계에서 대비되는 것은 선과 악이라기보다는 '없음-있음'이라고 할 수 있습니다. 없음은 있음의 전제가 되고 재료가 되는 생명의 바다와 같은 것이며, 세계의 '있음'이 태초의 혼돈이 정리되면서 비롯됐다는 점을 생각해보면, 첫 번째 단계에서 혼돈은 오히려 질서의 모태, 어머니와 같은 역할을 한다고 보는 것이 타당할 것입니다.

선과 악의 대비는 두 번째 단계에서 분명해집니다. 세계의 형태가 선과 악, 옳음과 그름으로 '정리'되어 비로소 질서가 탄생하는 것입니다. 하지만 여기서도 혼동하면 안 되는 것은 '정리되기 이전 상태의 혼돈'과 '정리된 이후의 상태인 질서'가 '악-선'으로 대비되는 것이 아니라, '정리된 이후의 상태인 질서' 하에 선과 악이 '구분'되어 존재한다는 것입니다.

즉, 혼란을 꾀하는 파괴신, 악신들조차 그 자체로서는 혼돈이 아니라 혼란을 꾀하려는 의도를 일관되게 관철시키는 정체성, 바로 '질서'를 가진 존재들이라는 점에 주목할 필요가 있습니다.

우리는 흔히 지옥을 혼돈의 도가니라고 묘사하는 경우가 많습니다만, 가만히 생각해보면 지옥이 과연 혼돈의 상태라고 규정할 수 있는지 의심스럽습니다. 좋음과 나쁨을 구분하고 심지어 그 나쁨의 수준까지 세세히 나누는 대왕과 판관이 있고, 이에 따른 형벌의 종류와 지옥의 단계가 정연하게 존재하는 바로 그곳은 오히려 '젖과 꿀이 흐르는 빛나는 곳' 천국보다 훨씬 체계적이고 명확한 질서를 가지고 있다고 볼 수 있지 않을까요.

즉, 혼돈과 질서는 악과 선의 관계로 등치될 수 없는 개념인 것입니다. 그럼에도 불구하고 사람들의 의식 속에서 혼돈이 악이고 질서가 선이라고 여겨지는 것은, 실제로 질서가 없는 상태에서 질서가 있는 상태로 이행한 것이 아니라 중층적으로 존재하는 여러 형태의 질서들 가운데 사람들이 선호하는 형태의 질서를 선으로 규정하고, 나머지 다른 형태의 질서들을 질서 아닌 혼돈, 그러니까 악으로 규정했기 때문이라고 볼 수 있습니다. 신화의 세 번째 단계는 이런 의미의 변화과정을 잘 보여줍니다.

세 번째 단계가 보여주는 것은 어떤 신, 어떤 이야기가 등장하든 결국 신화는 '현재 상태의 정당성'을 옹호하기 위한 수단이라는 점입니다. 악신과의 처절한 전투에서 승리한 끝에 우리가 어렵게 얻은 '선한 상태의 질서'로서 현재를 받아들이도록 하려면 이전에 존재했던

〈최후의 심판〉 중에서

히에로니무스 보스가 그린 세 폭 제단화 중에서 천국의 풍광이 담긴 왼쪽 그림과 지옥의
풍광이 담긴 오른쪽 그림을 나란히 배치해봤습니다(패널에 유채, 247×163cm, 비엔나미술
아카데미 소장).

질서를 '악' 혹은 '질서 없는 상태, 혼돈'으로 몰아붙이는 전략이 반드시 필요했을 것입니다.

정복자가 피정복 지역의 토착신을 악신으로 폄훼하거나 자신들의 신화 속에 종속적 존재로 편입시키고,[2] 혹은 새로이 승리를 거둔 정치 세력이 구세력을 혼란과 악의 결정체로 묘사하는 일은 역사 속에서 끊임없이 반복되어 왔습니다. 마치 겹겹이 쌓인 팬케이크처럼, 질서는 그 위에 새로운 질서를 끊임없이 쌓으며 지층처럼 누적되어왔고 가장 위에 놓인 '현재의 질서'는 정치적인 이유나 단순히 잘 알지 못한다는 이유로, 그 아래에 깔린 다른 질서들을 '혼돈'으로 지칭해왔던 것입니다.

그렇다면 사실상 이렇게 '혼돈-질서'의 대립이 '옛 질서-새 질서'의 반복된 부정관계였을 뿐이라고 한다면, 애초에 '혼돈'이라는 것은 존재하지 않았던 게 아닐까요. 대체 혼돈이란 무엇일까요.

카오스,
열리다!

혼돈을 의미하는 영어 단어는 '카오스(chaos)'입니다. 하지만 어원상으로 보면 카오스의 원래 의미는 혼돈과 그다지 관계가 없습니다. 어원학적으로 보자면 카오스는 그리스어 'khaos'에서 비롯했다고 합니다. 이는 '하품하다'라는 의미인 'khaino'에서 온 단어로 '크게 입을 벌리고 있는 광대하고 텅 빈 심연'이라는 의미를 지니고 있습니다.[3] 그렇다고 그리스어에 혼돈을 의미하는 다른 단어가 없었던 것도 아닙니다. '무질서(disorder)'라는 의미를 지닌 그리스어는 'tarakhe'였습니다. 그럼 어째서 '비어 있는(empty)'이라는 의미의 카오스가 혼돈으로 받아들여지게 됐을까요.

일반적으로 그 계기는 헤시오도스가 쓴 『신통기(Theogony)』에서 비롯한 것으로 여겨집니다. 기원전 700년경에 살았던 이 시인은 그리스 신화의 원형을 담은 책 『신통기』에서 우주가 만들어지기 전의 원초적인 상태 혹은 여기서 하늘과 땅이 갈라지는 균열을 '카오스'라고 표현했습니다. 굳이 '균열'이라는 이미지를 사용한 것은 단순히 비

「신통기」의 수기본

기원전 8세기 무렵에 활동한 헤시오도스가 천지창조에서 신들의 탄생과 계보, 인간의 탄생에 이르는 과정을 계통적으로 서술한 작품입니다. 제목처럼 300명이 넘는 신들의 복잡한 관계를 간결하게 표현하고, 예부터 전해오는 신화와 전설을 하나의 세계관 및 우주관에 비추어 체계를 세운 작품으로 평가되고 있습니다(16세기, 하버드대학도서관 소장).

어 있는 상태가 아니라 그 안쪽이 제대로 보이지 않아 어떻게 생겼고 무엇이 담겨 있지 않은지 알 수 없는 모호한 상태를 의도한 것이라고 할 수 있습니다. 갈라진 공간의 안쪽은 어둠으로 덮여 아무것도 보이지 않기 때문입니다. 즉, '세상이 창조되기 이전의 상태'를 지칭하는 용어로, 텅 비어 있는 거대한 어둠이라는 의미를 담아 '카오스'라는 말을 사용한 것입니다.

헤시오도스보다 후대에 등장한 로마의 시인 오비디우스는 질서정연한 세계의 모습을 의미하는 'kosmos'에 대비되는 개념으로 세계가 만들어지기 이전의 상태인 'khaos'를 짝지어 제시합니다. 여기까지만 해도 '지금의 세계'와 '세계가 존재하기 이전의 공허'를 대비시킨 것에 가까웠으나 점차 사람들은 이런 복잡한 대비보다는 훨씬 선명하게 대립되는 '질서'와 '질서 없음'의 관념으로 단순화하여 받아들이기 시작했습니다.

혼돈과 질서

오비디우스
고대 로마의 시인입니다. 『사랑도 가지가
지』, 『여류의 편지』 등의 작품이 있으며, 특
히 잘 알려진 그의 『변신이야기』는 서사시
형식으로 신화를 집대성한 걸작입니다. 세
련된 감각과 풍부한 수사로 르네상스 시대
에 널리 읽혔고, 후대에도 많은 영향을 끼
쳤습니다.

신의 시대인 중세에 들어 신학적 관점이 개입되자 이런 대비는 더
욱 노골화되고, 상태에 대한 가치 부여까지 이루어지게 됩니다. 즉,
신의 의지에 따라 만들어진 현재의 세계는 질서정연하고 올바른 것
이며, 이런 올바른 질서가 만들어지기 이전의 상태는 질서가 없는 상
태이므로 완벽한 혼돈이며 악이라는 대비가 만들어진 것입니다. 이
시점에서 카오스는 혼돈을 의미하는 단어로 정착되게 됩니다.

카오스가 혼돈이라는 뜻을 갖게 되는 역사적 과정을 추적해보는
것은 혼돈과 질서의 관계에 대한 흥미로운 통찰을 전해줍니다. 신화
속에서는 원초적 상태인 '없음'에서 '있음'이 탄생하는 것으로 일관
되게 묘사하고 있지만, 지금 존재하고 있는 이 세계의 '있음'이 가치
적으로 옳은 '질서'로 명명되면서 태초의 '없음' 역시 사후적으로 '혼
돈'이라는 의미를 얻게 된다는 것입니다.

즉, 어둠이라는 개념이 존재하지 않으면 빛 또한 정의할 수 없는

것처럼, 혼돈은 질서를 구분해내기 위해 소환된 개념입니다. 혼돈과 질서는 서로 대립되는 개념처럼 보이지만, 상대방의 존재로부터 자신의 정체성을 부여받는 길항적 관계이기 때문에 상대방을 완벽하게 부정하는 것은 근본적으로 불가능합니다. 조로아스터교에서 선과 악, 질서와 혼돈을 상징하는 아후라 마즈다와 앙그라 마이뉴의 싸움이 영원히 끝나지 않고 계속되는 것은 이 둘의 '모순적 보완관계'를 잘 보여주는 알레고리라고 할 수 있습니다.

하늘에 오르려한 죄, 바벨탑

가치 부여를 통한 선택으로서 질서와 혼돈의 구분을 보여주는 또 하나의 흥미로운 사례는 '바벨탑'입니다. 기독교 신자가 아닌 사람들에게도 널리 알려져 있는 바벨탑의 신화는 인간이 오만하게도 하늘에까지 닿는 높은 탑을 세워 신의 권위에 도전하려 하자 이를 하느님이 응징한 것으로 요약될 수 있습니다. 그런데 일반인들이 알고 있는 이런 내용은 실제 성경에 기록된 바벨탑의 이야기와 세부적으로 약간의 차이를 보입니다. 바벨탑에 관련된 『구약성서』, 「창세기」의 내용을 그대로 옮겨보면 다음과 같습니다.

> 온 세상이 한 가지 말을 쓰고 있었다. 물론 낱말도 같았다. 사람들은 동쪽으로 옮아오다가 이날 지방 한 들판에 이르러 거기 자리를 잡고는 의논했다. "어서 벽돌을 빚어 불에 단단히 구워내자." 이리하여 사람들은 돌 대신에 벽돌을 쓰고, 흙 대신에 역청을 쓰게 됐다. 또 사람들은 의논했다. "어서 도시를 세우고 그 가운데 꼭대기가 하늘에 닿

〈바벨탑〉
대(大) 피터르 브뤼헐 작, 1563년, 패널에 유채, 155×114cm, 빈미술사박물관 소장

게 탑을 쌓아 우리 이름을 날려 사방으로 흩어지지 않도록 하자." 야훼께서 땅에 내려오시어 사람들이 이렇게 세운 도시와 탑을 보시고 생각하셨다. "사람들이 한 종족이라 말이 같아서 안 되겠구나. 이것은 사람들이 하려는 일의 시작에 지나지 않겠지. 앞으로 하려고만 하면 못할 일이 없겠구나. 당장 땅에 내려가서 사람들이 쓰는 말을 뒤섞어놓아 서로 알아듣지 못하게 해야겠다." 야훼께서는 사람들을 거기에서 온 땅으로 흩으셨다. 그리하여 사람들은 도시를 세우던 일을 그만두었다. 야훼께서 온 세상의 말을 거기에서 뒤섞어놓아 사람들을 흩으셨다고 해서 그 도시의 이름을 바벨이라고 불렀다.[4]

위의 글을 자세히 읽어보면 일단 '바벨'이 탑의 이름이 아니라 도시의 이름이었다는 점을 확인할 수 있습니다. 바벨이라는 도시의 한가운데에 탑을 쌓으려 했던 것이지요. 또한 하느님이 천둥벼락 같은 것을 날려 단박에 탑을 부숴버리거나 사람들을 벌한 것이 아니라, "말을 뒤섞어놓아 서로 알아듣지 못하게" 하는 방식으로 도시의 건설을 '중단'(파괴가 아닌)시켰다는 점도 의외입니다.[5]

사실 이 신화에서 처음부터 관심은 언어였습니다. 인용된 글의 첫 문장이 이미 "온 세상이 한 가지 말을 쓰고 있었다"가 아니겠습니까. 하지만 개인적으로 저에게 가장 의외였던 점은 내용을 꼼꼼히 살펴봐도 이 사람들이 뭘 잘못했는지 이해가 되지 않는다는 것이었습니다. 신화 속에서 흔히 나타나는 제사를 빼먹었다든지, 금기로 설정된 어떤 행동을 한 것도 아니고, 존 레넌처럼 비틀즈는 "신보다 더 위대하다"[6]고 말하는 불경죄를 저지른 것도 아니지 않습니까.

인용된 「창세기」의 묘사에서 조금이나마 부정적으로 보이는 내용은 "우리 이름을 날려" 정도인데, 바로 뒤에 이어지는 문장이 "사방으로 흩어지지 않도록 하자"임을 고려하면 '뭉치자, 힘내자' 분위기, 정말 부모의 입장이었다면 우리 애들이 참 잘하고 있다고 흐뭇해하며 오히려 선물을 주어야 할 것 같은 상황이 아닌가요.

앞서 우리는 '질서 있는 상태로서의 현재'로부터 '질서가 없는 과거의 혼돈'이 사후적으로 규정됐다는 점을 살펴본 바 있습니다. 바벨탑의 신화 역시 이런 사후적 해석의 결과였습니다. 성경의 내용들을 고고학적 발견의 성과들과 연관시켜 재해석하는 작업을 했던 아이작 아시모프는 창세기의 저자들이 바빌로니아에 대한 설명을 하는 과정에서 어원상의 혼동을 일으킨 것 같다는 의견을 내놓았습니다.

> 다시 말해 「창세기」 저자들은 '바벨(Babel)'이라는 낱말의 어원을 '뒤섞다', '혼동시키다', '혼잡케 하다'를 뜻하는 히브리어 '발랄(balal)'에서 찾은 것이다. 하지만 이는 통속 어원에 의한 착오다. 바빌로니아라는 이 도시의 이름은 '신(神)의 문'을 뜻하는 '밥일루(Bab-ilu)'이기 때문이다. 바로 이 말이 히브리어에서는 '바벨', 그리스에서는 '바빌론'이 됐다.
>
> 공교롭게도 바빌론에는 탑이 하나 있었다. 사실 수메르와 바빌로니아의 대다수 도시들에는 탑이 있었다. 이들 도시의 신전은 외부 경사면을 통해 올라가게 되어 있는 층계형 피라미드였다. 이 신전 탑들을 지구라트라고 했다.
>
> 아마 아가데의 사르곤의 남진(南進)으로 인한 혼란 때문이겠지만, 한

> 수메르 왕이 건설하기 시작한 거대한 지구라트 하나가 미완성으로
> 남았다. 이 지구라트는 수세기 동안 그렇게 남아 있었는데, 미완이라
> 는 바로 그 점 때문에 더 유명해졌는지도 모를 일이다(피사의 사탑이
> 나 슈베르트의 미완성 교향곡을 생각해보라). 이 탑이 성서의 바벨탑
> 이야기의 모델이 됐으리라고 생각할 수도 있다.[7]

즉, 이미 존재하고 있는 이름인 '바빌론', 그리고 그곳에 남아 있
는 미완성의 탑인 지구라트를 사후적으로 해석하여 바벨탑의 신화를
만들어냈다는 것이지요. 중요한 것은 이런 해석이 매우 부정적인 방
향에서 기술됐다는 점입니다. 이는 바빌론이 창세기가 쓰여지던 시
점에 이미 멸망한 도시였다는 점 때문만은 아니었던 것 같습니다. 반
대로 바빌론이 창세기 자체에 기술된 바와 같이 돌 대신에 벽돌을, 흙
대신에 역청을 쓸 정도로 크게 발전한 도시였다는 점이 문제였을 것
입니다. "이름을 날려 사방으로 흩어지지 않을" 정도로 크고 유명한
도시였던 바빌론이 신의 도움 없이, 신에 대한 믿음이 없이 그런 발전
의 수준에 이르렀다는 것이 문제인 것입니다.

심지어 이를 지켜본 신이 "이것은 사람들이 하려는 일의 시작에
지나지 않겠지. 앞으로 하려고만 하면 못할 일이 없겠구나"라고 혼잣
말을 하는 지경에 이르고 보면, '신의 존재를 필요로 하지 않는 질서'
가 가능하다는 증거로서, 바빌론은 매우 위험한 존재가 돼버립니다.
질서의 유일한 주재자여야 할 신의 자리가 없어져버리는 것이지요.
이것이 질서를 만들고 정의를 구현해야 할 신이 오히려 만들어진 질
서를 해체하고 파괴하는 일을 하게 된 이유입니다. 바벨탑이 무너진

지구라트

성탑(聖塔) 혹은 단탑(段塔)을 의미합니다. 고대 메소포타미아의 각지에서 발견되는 건축물로, 일종의 신전입니다. 하늘에 있는 신과 지상의 인간을 연결시키기 위해 초기부터 지표보다 높게 설치했으며, 후대에 올수록 차차 높아집니다. 정상부는 '하얀 집'이라 해 신상을 모셔 놓은 성소의 역할을 합니다. 헤로도토스에 따르면, 신바빌로니아시대(기원전 7~6세기)의 바빌론에 세워진 지구라트는 8층이었다고 합니다. 바빌론의 지구라트는 성서에 나오는 바벨탑 전설의 근원이라 여겨집니다.

원인은 '인간의 오만'이라기보다는 '신의 불안' 혹은 '질투'라고 해야 하지 않을까요.

혼돈과 질서라는 관점에서 흥미로운 것은 신이 인간이 만든 질서를 무너뜨리는 방식이 언어를 서로 다르게 만드는 것이었다는 점입니다. 파괴의 결과로 혼란이 오는 것이 아니라 혼란을 수단으로 해서 파괴가 오는 것이죠. 의사소통에 문제가 발생하게 되면 질서가 무너지게 된다는 것은 매우 의미심장한 일입니다. 우리는 흔히 '질서'란 어떤 거대한 외부의 힘에 의해 강제되고 유지되는 상태라고 생각하기 쉽지만, 실은 의사소통을 통한 상호이해에 바탕을 두고 만들어진 결합 상태이기 때문입니다.

혼돈은 힘이 부재한 상황이라기보다는 이런 이해와 조화가 부재한 상황입니다. 조화, 어울림, 정돈된 상태, 그래서 조화를 의미하는 단어인 '코스모스(cosmos)'는 '순서대로 잘 정돈된 상태'라는 의미의 'kosmos'에서 비롯하게 됐습니다. '화장, 미용'이라는 의미의 '코스메틱(cosmetic)'은 립스틱과 파운데이션, 목걸이와 화려한 액세서리를 치렁치렁 걸친 상태가 아니라 그 모든 요소들이 조화를 이뤄 아름다운 상태, 즉 '선한 질서'에 이른 것을 의미합니다. 완벽한 조화를 이룬 아름다운 여인의 모습이 바로 질서인 것입니다.

우리는 흔히 질서를 어떤 강력한 힘에 의해 정리된 상태로 이해하는 경향이 있습니다. 하지만 바벨탑의 신화가 우리에게 전하는 진실은 질서의 핵심이 힘에 있지 않다는 것입니다. 질서는 이해와 소통 그리고 이를 바탕으로 한 다양한 요소들의 조화에서 비롯하는 것입니다.

신화의 질서,
신화의 혼돈

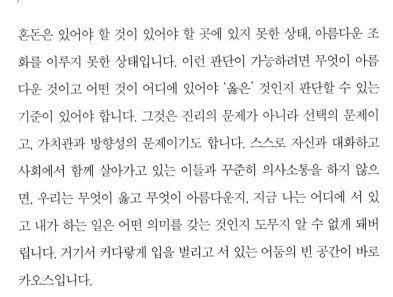

혼돈은 있어야 할 것이 있어야 할 곳에 있지 못한 상태, 아름다운 조화를 이루지 못한 상태입니다. 이런 판단이 가능하려면 무엇이 아름다운 것이고 어떤 것이 어디에 있어야 '옳은' 것인지 판단할 수 있는 기준이 있어야 합니다. 그것은 진리의 문제가 아니라 선택의 문제이고, 가치관과 방향성의 문제이기도 합니다. 스스로 자신과 대화하고 사회에서 함께 살아가고 있는 이들과 꾸준히 의사소통을 하지 않으면, 우리는 무엇이 옳고 무엇이 아름다운지, 지금 나는 어디에 서 있고 내가 하는 일은 어떤 의미를 갖는 것인지 도무지 알 수 없게 돼버립니다. 거기서 커다랗게 입을 벌리고 서 있는 어둠의 빈 공간이 바로 카오스입니다.

우리는 이 장에서 내내 신화에 대해 이야기를 해왔습니다. 신화(Myth)의 어원은 그리스어 '미토스(Mythos)'입니다. '입으로 전해지는 이야기'라는 뜻을 담은 이 단어는 이미 존재하고 있는 사실들의 이면에 담긴 더 깊고 신성한 '의미'를 찾으려는 노력입니다.

왜 해가 뜨고 지는지, 비가 오고 강물이 넘치는 재앙은 왜 닥치는 것인지, 이 추위는 언제쯤 물러가고 이 힘든 삶을 어떻게 지탱해가야 하는 것인지, 끊임없이 인간을 불안하게 만드는 질문들에 대해 스스로 만들어낸 답이 바로 신화입니다. 때로는 황당하고 어떤 근거를 찾기도 어려운 이야기들이라서 미토스는 논리적이고 명확한 말을 의미하는 '로고스(logos)'[8]에 대응하는 '불분명한 이야기'라는 뜻을 갖고 있습니다. 하지만 이 불분명한 이야기들은 세상에 이해 가능한 질서를 부여해준다는 점에서, 우리가 어디서 왔고 어디로 가야 하는지를 알려준다는 점에서 인간에게 너무나 소중한 이야기이기도 합니다. 무의미하고 텅 빈 공간, 그것은 그 자체로 혼돈이기 때문입니다.

　돌이켜 생각해보면, 우리는 '너무 많은' 질서들에 발 묶여 있는 것이 아닌가 하는 두려움도 생깁니다. 그 질서들의 대부분은 우리가 원하거나 선택한 것이 아닙니다. 학교에 가고 공부를 하는 것도, 직업을 구하고 결혼을 하고 아이를 낳는 것도, 우리가 살고 있는 나라나 공동체의 질서조차도 어쩌면 우리에겐 처음부터 주어진 것들이었습니다. 이미 만들어져 있는 '옳음'의 선들을 따라 우리는 비틀비틀 걷고 있습니다. 혼돈은 두렵기 때문입니다.

　하지만 혼돈은 단지 그 안에 무엇이 있는지 '아직' 알지 못하는 검은 공간일 뿐입니다. 두려워하는 것은 인간의 마음일 뿐 혼돈 그 자체가 두려워해야 할 실체는 아닙니다. 거기엔 바닥없이 떨어지는 텅 빈 추락이 기다리고 있는 것도 아닙니다. 단지 아직 선택되지 않은 또 다른 질서들과 혈관처럼 이리저리 뻗은 복잡한 갈림길들이 있을 뿐입니다. 지금 내가 가고 있는 길이 갖는 진정한 의미를 알기 위해서는 다른 길에 서서 여기를 바라볼 수 있어야 합니다.

　혼돈과 질서는 한 몸의 두 측면이고, 서로에게 원천이자 실체이며, 서로가 서로에게 과거가 되고 다시 미래가 되어 끊임없이 맴도는 거울상입니다. 이제부터 저는 여러분과 함께 혼돈과 질서의 아름다운 길항관계를 찾아 떠나는 여행에 나서려고 합니다. 이 길의 끝에는 무엇이 기다리고 있을까요. 알 수 없습니다. 아직 뒷 페이지를 집필하지 않았으니 저도 모릅니다.

　이제 혼돈입니다. 혼돈 속으로 거침없이 한걸음 들어오세요. 새로운 질서를 보여드리겠습니다.

더 읽어볼 책

그레그 베일리 외 19인 지음, 박인용 옮김, 『미솔로지카 1·2』, 생각의나무

신화에 대해 관심이 많다면 읽어보길 추천 드리는 책입니다. 두 권 모두 다 상당한 볼륨과 무게를 자랑하고 있어서 들고 다니긴 힘들겠지만, 모두 잘 아시는 그리스·로마 신화부터 시작해서 각 대륙에서 전해지는 모든 신화를 총망라해 소개하고, 그 의미와 해석까지 곁들여 제시하고 있습니다. 미술관, 박물관에서 보유하고 있는 작품과 심지어는 개인 소장품까지 총 800여 장의 그림들도 잘 정리돼 있기 때문에, 마치 미술 작품집을 보는 듯 읽는 즐거움이 있습니다

아이작 아시모프 지음, 박웅희 옮김, 『아시모프의 바이블』, 들녘

사실 저자인 아시모프는 사이언스픽션(SF)의 3대 거장으로 불리는 작가지만, 이해하기 쉬운 설명과 독창적인 문체 때문에 논픽션 분야에서도 꽤 유명합니다. 그 중에서 이 바이블은 성서에서 나오는 사건들의 역사적 배경과 인명, 지명에 대한 어원이나 지리에 대한 설명을 상세히 제공하고 있습니다. 구약과 신약으로 나눠져 있고, 『미솔로지카』만큼이나 두껍고 무겁지만, 성서에 대해 조금 더 심층적인 이해와 공부를 위해 딱 좋은 책입니다.

2

척도의
탄생

길이를 나타내는 센티미터, 넓이를 나타내는 평, 무게를 나타내는 파운드와 킬로그램, 시간을 재는 시간과 분과 초. 우리가 사는 세상은 이렇게 수없이 많은 측정 기준들, 즉 '척도'로 이루어져 있습니다. 제가 지금 쓰고 있는 원고는 200자 원고지의 장수로 측정이 됩니다. 초 단위로 시간을 조절해야 하는 방송원고의 경우, 글자 수를 세어주는 프로그램을 사용하기도 한다더군요. 가만히 생각해보면 우리는 너무 많은 척도들을, 너무 과도하게 믿으며 살아가고 있는 건 아닌가 하는 생각이 듭니다. 불과 몇 센티, 단지 몇 초의 오차가 발생하는 것만으로도 비행기가 떨어지고 자동차가 추락하고 발전소가 폭발할 수 있는 세상이라고 하니까요. 우리는 과연 이렇게 자신만만하게 온갖 척도들이 제공하는 질서를 믿으며 살아가도 되는 걸까요. 척도는 정말 그렇게 정확하고 확실하게 사물의 본질을 알려주는 기준이라고 할 수 있을까요.

여의봉,
물 밖으로 나오다!

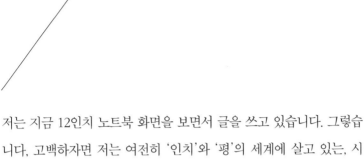

저는 지금 12인치 노트북 화면을 보면서 글을 쓰고 있습니다. 그렇습니다, 고백하자면 저는 여전히 '인치'와 '평'의 세계에 살고 있는, 시대에 뒤떨어진 사람입니다. 얼마 전 전셋집을 구하기 위해 부동산에 갔더니 아파트 크기를 온통 제곱미터로만 표기해놓아서 얼마나 곤란했는지 모릅니다.

요즘은 텔레비전이나 모니터의 화면 크기도 인치가 아니라 센티미터로만 표기하도록 통일했더군요. 사실 이건 요즘이 아니라 바뀐지 꽤 된 변화인데도 저는 도무지 이런 단위들에 익숙해지지가 않습니다. 널리 통용되는 도량형인 미터법 체계에 맞추어 이렇게 표기하는 것이 논리적으로 옳다는 것을 좌뇌로는 이해하면서도, 감성을 담당하는 우뇌에서는 그래가지고서야 넓은지 좁은지, 큰지 작은지 도통 알 수가 없겠다고 비명을 질러대는 이 상황을 어떻게 이해하면 좋을까요. 저는 합리적이고 체계적인 질서를 거부하는 외부인이자, 질서의 적인 잡음인 걸까요.

척도라고 하면 가장 먼저 떠오르는 것이 고대 그리스의 철학자 프로타고라스의 "인간은 만물의 척도다"라는 말입니다. 이 말은 모든 사물을 판단하는 기준은 인간의 마음에서 임의적으로 만든 것이므로, 기본적으로 인간의 인식과 사물의 존재는 모두 상대적인 것이라는 '상대주의' 혹은 '회의주의'[9]의 주장을 담고 있는 것이었습니다. 하지만 정작 척도는 그 반대의 목적, 그러니까 사물의 존재를 객관적으로 담아내기 위해 탄생한 것입니다.

정확한 유래를 따질 수는 없는 일이긴 하지만, 척도가 등장한 가장 중요한 계기는 아마도 교환과 거래를 위한 것이 아니었을까 생각됩니다. 스스로 자급자족을 하던 단계에서는 개인적으로 셈을 하고 판단하기 위한 어떤 기준들이 있을 수는 있겠지만, 다른 사람과 공유해야 할 보편적 단위의 기준으로서 척도가 필요하진 않았겠지요. 그런데 내가 만든 물건을 타인과 교환하고 혹은 판매하는 과정에서는 삼베와 쌀처럼 서로 다른 물건들의 가치를 비교하고 측정하기 위한 기준이 반드시 필요해졌을 것입니다. 사실 이러한 거래를 매개하는 화폐 또한 그 자체로 하나의 척도라고 할 수 있을 테고요.

이렇게 척도가 공정한 거래를 위한 도구이자 기준으로 자리 잡게 되면서 척도의 문제는 자연스럽게 '정의(正義)'의 관념과 연결되게 됩니다. 요즘은 전자저울처럼 보다 정밀하고 공신력 있는 측정도구들이 많이 나와서 이런 일이 줄어들었습니다. 하지만 불과 십수 년 전만 하더라도 시장에서 됫박의 크기를 속이거나 저울 눈금을 속여서 부당하게 이득을 취하는 비양심적인 상인들의 이야기는 저녁뉴스의 단골 메뉴였습니다.

혼돈과 질서

그렇게 시장의 저울을 감시하는 일은 예나 지금이나 공공기관의 중요한 업무 중 하나였습니다. 거래하는 두 당사자가 아닌 중립적이고도 '정의로운' 공적 권력이 척도의 공정성을 담보하여 질서를 실현하는 것이지요. 정의의 여신이 한 손에 시장에서나 쓸 법한 양팔저울을 들고 있는 것도 우연이 아닙니다.

앞 장에서 인간은 자신들의 의지와 무관하게 '이미' 존재하고 있는 우주적 질서를 신화를 통해 인식하고, 이러한 질서에 따라 살아가는 것을 '정의'라고 판단했다는 말씀을 드렸습니다. 그렇다면 척도는 세계의 질서를 인간의 눈앞에 드러내는 도구라는 의미를 획득하게 됩니다. 인간이 신의 영역인 질서를 파악하고, 여기에 가까이 가는 가장 직접적이고도 효율적인 방식이 바로 척도, 숫자, 비례를 통한 질서의 실현인 셈이지요.

이런 생각을 가장 잘 보여주는 그림이 레오나르도 다빈치의 〈비트루비우스적 인간〉입니다. 아마 이 책을 읽고 계신 분들도 어디선가 이 그림을 한 번쯤은 보신 적이 있을 겁니다. 신의 피조물인 인간의 신체에 담긴 신비한 비례와 질서를 표현한 이 그림은 실은 '실재하는 인간'이라기보다는 '가장 이상적인 인간', 즉 신의 의지와 질서에 가장 부합하는 인간의 모습을 표현한 것이라고 할 수 있습니다. 우리가 흔히 미인의 기준으로 이야기하는 '팔등신'도 이와 비슷하게 비례를 통해 미의 질서를 파악한 사례입니다. 그러니 피타고라스의 수학이 당대에는 종교의 성격까지 지녔던 것은 어쩌면 당연한 일이었다고 할 수 있습니다.

따라서 자연스럽게 척도는 신의 위엄과 왕의 권위를 나타내는 대

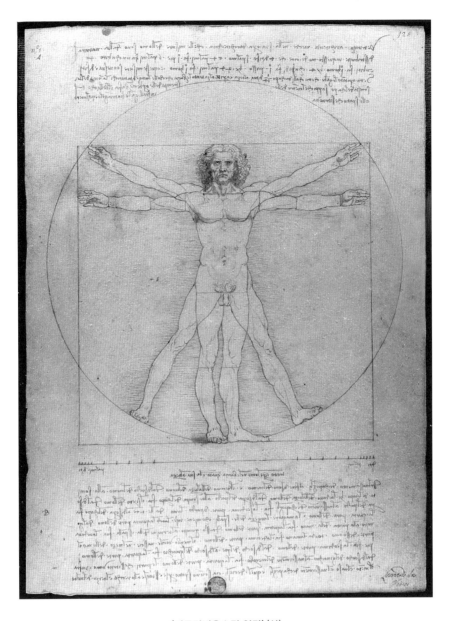

〈비트리비우스적 인간〉(상)

레오나르도 다빈치 작, 1492년, 종이에 펜으로 드로잉, 베네치아 아카데미 소장

〈정의의 여신〉(좌)

이탈리아 화가 루카 지오르다노(Luca Giordano)가 그린 것으로 양손에 저울과 칼을 들고 있는 여신의 그림입니다. 정의의 여신에 대한 형상은 여기에 두 눈을 가린 것도 다수 등장합니다(1684~1686년경, 프레스코화, 피렌체 메디치 리카르디궁전 소장)

빅벤

상물로 여겨지게 됐습니다. 최고의 권위를 가진 영국 국회의사당을 상징하는 기념물이 거대한 시계인 '빅벤'인 것은 시간의 질서마저도 의회의 관할 하에 있다는 상징과 같은 것입니다. 같은 의미에서 조선시대 왕궁 바로 앞에는 '보신각'을 만들어 여기서 치는 종소리로 온 도성의 시간을 통제했습니다. 종이 있는 거리, '종로'는 그렇게 만들어진 것입니다. 서구 각국에서 표준기를 사원이나 신전, 궁전 혹은 수도인 워싱턴이나 파리에 보관한 것도 같은 맥락에서 이해할 수 있을 것입니다.

척도를 신의 권능으로 파악하는 고전적 사고의 가장 재미있는 사례는 『서유기』가 아닐까 합니다. 신선에게 도술을 배워 막강한 힘을 얻게 된 손오공이 자신에게 걸맞은 멋진 무기가 필요하다고 생각하고는 동해 용왕을 찾아가 한바탕 행패를 부립니다. 그런데 협박에 못이긴 동해

혼돈과 질서

용왕이 내놓은 온갖 무기들을 거들떠보지도 않던 손오공은 한쪽 구석에 굴러다니던 '신진철(神珍鐵)'을 발견합니다.

한자로 풀어보자면 '신진철'은 '신이 사용하던 철봉'이라는 뜻을 가지고 있습니다. 이 물건은 중국에서 신화시대였던 하(夏)나라의 우왕이 해마다 범람하는 황하를 다스리기 위해 13년간 직접 걸어 다니며 강과 바다의 깊이를 잴 때 쓰던 물건이라고 합니다. 길이를 재기 위한 일종의 잣대였던 셈인데, 가지고 다니면서 강과 바다의 깊이를 재야 하니 손바닥만하게 줄어들었다가 측정을 할 때는 바다의 깊이만큼 엄청나게 늘어나기도 하는 신기한 물건이었다고 합니다.

손오공은 이 철봉을 보고 무척 기뻐하면서 "내 의지대로 길이가 변하는[如意], 양쪽 끝에 금테가 둘러진[金箍] 봉이로구나!"라고 하면서 '여의금고봉(如意金箍棒)'이라는 이름을 붙입니다. 이걸 줄인 이름이 여의봉입니다. 허구에 바탕을 둔 민간 설화의 단순한 에피소드일 수도 있겠지만, 가장 정확한 측정을 위해 만들어진 잣대가 그것을 소유한 자의 의지에 따라 제멋대로 늘었다 줄었다를 반복하며, 심지어 그것이 치명적인 무기로 쓰인다는 것은 척도가 지니게 될 운명을 예견하는 심오한 알레고리는 아니었을까요.

척도의 질서,
질서의 척도

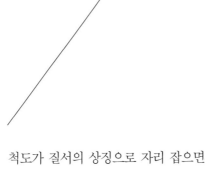

척도가 질서의 상징으로 자리 잡으면서, 정치적 차원에서 새로운 질서가 수립되면 이를 확인하고 되돌릴 수 없는 사실로 확정하기 위해 척도를 새로이 하는 관행들이 만들어졌습니다. 세계사 시간에 무슨 왕조가 시작되는 시점마다 반복적으로 등장했던 '도량형의 통일' 얘기입니다. 중국의 진시황제든 페르시아의 다리우스왕이든 새로운 왕조가 개창했음을 알리기 위한 목적이나 강화된 왕권을 드러내는 방식으로 도량형을 개혁하는 일은 시간과 공간을 넘어 보편적인 정치적 수단이었습니다.

상징적인 차원에서 가장 큰 의미를 지니는 척도는 '시간'이었습니다. 중국, 한국, 일본 등에서 새로 왕이 등극하면 햇수를 세는 이름을 바꾸던 '연호'[10]라는 기준이 대표적인 사례일 것입니다. 한나라의 '건원(建元)', 대한제국의 '광무(光武)', 메이지 유신 이후 일본의 '다이쇼(大正)', '쇼와(昭和)', '헤이세이(平成)'와 같은 연호들은 모두 새로운 질서를 각인시키는 도장과 같은 역할을 했습니다. 그렇게 본다면 도량형의 통일은 더 강력하며 더 보편적인 질서의 수립을 선언하는 것과 같은 의미를 지니는 일이었을 것입니다.

현재 전 세계 95퍼센트의 사람들이 사용하고 있다는 가장 보편적인 척도인 미터법으로 도량형을 바꾸는 작업이 프랑스대혁명을 계기로 시작됐다는 사실은 척도가 지니는 사회적 의미를 정확히 보여주는 것입니다. 인류가 상상할 수 있는 모든 정치적 시도들이 압축적으로 벌어진 실험실이자, 그로 인한 혼란과 피해를 온전히 떠안았고, 그 결과 현대 민주주의의 영원한 고향이라는 명예를 얻게 된 프랑스대혁명의 기운은 이상적인 정치체제를 향한 당대 사람들의 열정과 헌신을 바탕으로 그토록 뜨겁게 타오를 수 있었습니다. 그래서 누구나, 동일한 기준으로, 쉽게 세상의 모든 것을 재고, 계산하고, 그래서 스스로 판단하는 것을 가능케 하는 미터법의 탄생은 곧 민주주의라는 새로운 질서의 수립과 동등한 것으로 여겨졌습니다.

미터법 개혁의 강력한 지지자였던 철학자 콩도르세는 시민이 평등하기 위해서는 앎의 평등이 필요하고, 이를 위해 법을 그 본질적인 요소로 환원해야 한다고 주장했습니다. 글을 아는 모든 이들이 법과 기준을 알게 되면 힘 있는 자가 힘없는 자를 착취하여 부당한 이익을 취하는 일이 줄어든다는 것입니다. 이런 일이 가능해지려면 세상의 모든 것들이 보편적으로 이해 가능하고 측정 가능한 형태로 변환되어야 합니다. 이를 바탕으로 시민들이 자신의 이해와 관련된 계산을 스스로 할 수 있어야 진정한 권리의 평등과 자유가 보장될 것이기 때문입니다.

콩도르세

18세기 프랑스의 사상가이자 수학자입니다. 프랑스혁명을 맞아 지롱드 당원으로 활약했고, 1793년의 헌법 초안을 기초해, 자코뱅당과 충돌하다 고발과 체포를 당해 옥중에서 자살했습니다. 역사는 앞선 시대보다 높은 단계로 진행하고 있다고 주장하면서, 역사의 진행을 부단한 전진 운동으로 고찰했고, "인간능력의 발전에는 어떤 한계도 존재하지 않는다"는 계몽주의적 '무한 진보'의 관념을 보여주었습니다.

> (…) 우리는 미터법을 심각한 무질서와 혼란을 일으키는 그러한 사회제도에 도입할 만한 훌륭한 교육수단으로 여길 수 있다. (…) 아무리 무지한 사람들이라도 일단 미터법을 알게 되면 질서의 맛을 음미할 수 있을 것이다.[11]

콩도르세는 미터법 개혁을 단순한 상징적·선언적 행위로 보지 않고, 실질적인 차원에서 민주주의를 실현할 도구라고 확장시켜 이해했습니다. 그는 척도를 통해 모든 사람들이 서로에 대해, 또 모든 사물에 대해 이해할 가능성을 열 수 있다고 본 것입니다. 이해의 가능성은 예측의 가능성으로 이어지고, 이를 바탕으로 한 행위, 상호협력과 연동의 가능성을 만들어냅니다.

앞 장에서 고대의 사람들은 세계를 톱니바퀴처럼 맞물리는 거대한 조화의 체계, 즉 코스모스로 이해했다고 설명 드렸습니다. 하지만 당대 사람들이 살아가던 현실의 조건은 자기 동네만 벗어나도 서로를 이해하는 데 커다란 장애가 나타나는 상황이었습니다. 가장 먼저 만나는 장벽이 언어였습니다. 오죽하면 로마인들이 외국인들이 하는 말을 못 알아들어서 답답한 나머지 '무슨 소린지 모르게 어버버거리는 녀석들'이라는 의미에서 쓴 '바르바로이(barbaroi)'라는 표현이 단순한 외국인이 아닌 '야만인(barbarian)'이라는 단어로까지 확장됐겠습니까. 하지만 거래를 하려는 의지만 있다면, 언어 자체는 손짓이든 발짓이든 어떻게든 극복이 가능했다고 합니다.

더 큰 문제는 서로 물건을 재고 셈하는 기준인 척도가 다르다는 점이었습니다. 척도의 차이가 단순한 다름의 차원에 머물지 않고 각 당사자의 이해관계와 결합된 문제가 될 경우 협력과 연동의 가능성은 완전히 차단되고 맙니다. 중세의 여러 직공 길드들이 자신들만의 척도를 세운 뒤, 이 척도에 익숙하지 않은 외부에서 들어온 기술자들에게 척도의 차이를 빌미로 소송을 걸어 영업을 못하도록 방해했듯이 말입니다.

미터법은 세상 모든 사람들의 삶의 기준, 판단의 척도를 균일화함으로써 온 세상을 하나의 질서 아래에 움직이도록 만들려는 엄청나게 야심만만한 정치적 기획이었습니다. 우리 발밑 깊숙이 잠들어 있던 거대한 톱니바퀴들이 보편적인 척도의 질서에 힘입어 삐걱삐걱 소리를 내며 드디어 움직이기 시작한 것입니다. '세계'는 이 시점에 이르러서야 비로소 진정으로 의미 있는 단어가 되었습니다.

척도, 믿습니까?
믿습니다!

그럼 척도는 정말로 우리에게 우주의 숨겨진 질서를 알려주는 요술방망이 같은 존재일까요. 한 번은 후배와 함께 산에 오른 적이 있습니다. 제가 정말 약한 것 중 하나가 식물 쪽입니다. 마음먹고 꽃 도감, 나무 도감을 구입해서 열심히 공부해본 적도 있는데, 사진이나 그림으로 볼 때와 달리 실제로 꽃이나 나무를 보면 도통 뭐가 뭔지 구분이 되질 않더군요. 그런데 그 후배는 산길을 오르면서 눈에 들어오는 나무마다 이건 참나무, 저건 아카시아 나무, 요건 삼나무 하면서 척척 이름을 대더군요. 어찌나 감탄스럽던지 그 후배에게 존경심이 우러나올 정도였습니다.

그런데 좀 더 산길을 걸으며 생각해보니 과연 '이름'을 안다는 것이 무슨 의미일까 하는 의문이 들더군요. 실은 그 이름조차 사람들이 임의로 붙인 것일 텐데 말이죠. 이건 마치 길을 걷다가 갑자기 거대한 검은 물체가 튀어나와서 날카로운 이빨을 드러내며 위협을 가하자, '아, 그 이빨 모양을 보니 넌 반달곰이구나'하며 아는 척하는 것과 마찬가지 아닐까요. 이름을 알든 모르든 다음 순간 내가 그 뱃속에 들어가 있을 거라는 사실에는 변함이 없을 텐데 말이죠.

우리가 무언가의 이름을 알았다는 것은 그 '대상 자체'를 알았다는 것이 아니라 단지 그 대상에 대해 다른 사람들과 '소통할 수단'을 찾았다는 뜻입니다. 반달곰으로 불리는 분류 대상이 어떤 특성을 갖는지 아는 것은 그 이후의 문제죠.

척도의 가장 큰 특성은 바로 이런 임의성 혹은 자의성입니다. 어떤 것을 재고 판단하는 기준은 손이나 발의 크기가 될 수도, 소리가 1초에 나아가는 거리나 우리 집 정원의 달팽이가 한 시간 동안 전진하는 거리가 될 수도 있습니다. 척도는 그 자체로 무슨 대단한 의미를 지니는 것이라기보다는 사람들이 마음대로 설정한 측정의 기준일 뿐이라는 것입니다. 그렇다고 정말 아무것이나 다 사회적으로 의미가 있는 척도가 될 수는 없겠죠. 그럼 어떤 대상이 척도로 선택되기 위해 갖추어야 할 조건은 어떤 것들이 있을까요.

우선 생각해볼 수 있는 조건은 '접근성'입니다.

옛날 옛적에 어떤 부자가 집을 지으면서 목수에게 "고래등 만한 집을 지어주게"라고 부탁했다고 생각해봅시다. 고래등이 단순히 '아주 큰 집'을 의미하는 수사적 표현이라면 목수는 흔쾌히 "네, 그렇게 하겠습니다"라며 웃겠지만, 부자가 정색을 하고 "아니, 웃을 일이 아니고, 내가 고래를 참 좋아한단 말일세. 딱 고래등 만한, 그래 범고래가 좋겠군. 딱 범고래등 크기에 맞춘 집을 지어주게"라고 말한다면 어떨까요. 바다 속에서 자유로이 오가는 고래를 잡아다가 척도로 쓰는 것은 불가능하거나 불가능에 가깝게 힘든 일이 아닐까요.

그래서 사람들이 쓰는 척도는 누구나 쉽게 접근할 수 있는 대상이라야 합니다. 손가락을 기준으로 한 '푼'이나 '촌', 발걸음을 기준으로 한 '피트' 같은 단위들이 흔히 쓰였던 것[12]도 이런 단위들은 누구나 지니고 있는 인체를 척도로 삼은 것이기 때문입니다.

다음으로는 '적합성'을 생각해볼 수 있습니다.

척도가 재려고 하는 대상의 특성에 맞는 규모를 지녀야 한다는 것입니다. 꽃잎의 크기를 재는 데 나무를 단위로 삼는다면 단위가 너무 커서 측정이 불가능할 것입니다. 반대로 별과 별 사이의 거리[13]를 재는 데 손 뼘이나 사람의 키를 단위로 삼는 것도 숫자가 너무 커져버리는 문제가 있겠죠.

위의 조건들은 사람들이 주변에서 척도를 찾는 데 비교적 쉽게 충족시킬 수 있는 것들임에 반해, 척도의 세 번째 조건은 쉽지 않은 내용입니다. 바로 '안정성'입니다.

척도의 목적은 스스로 무언가를 판단하기 위한 것이거나 사회 차원에서는 다른 사람과의 소통의 기준으로 활용하기 위한 것입니다. 그렇게 기준의 역할을 하려면 시간이 지남에 따라 변화한다거나 보는 사람에 따라 판단이 달라지는 것이라면 곤란하겠죠. 어찌 보면 당연한 일인데, 이렇게 시간과 장소, 상황이 달라져도 늘 일관성을 유지하는 안정적인 척도를 찾기란 생각보다 쉽지 않은 일입니다. 손가락 길이나 발걸음의 폭도 사람마다 조금씩 다 다르고, 쇠로 만든 튼튼한 자도 온도에 따라 조금씩 늘어나거나 줄어들며, 또 쓰면 쓸수록 닳아버리지 않습니까.

프랑스 파리에 보관되어 있는 1미터 표준기는 지구상에서 가장 튼튼하고 변화가 없다는 이리듐과 백금의 합금으로 만들어져 온도와 습도를 유지한 장소에 보관하고 있는데도, 조금씩 길이가 줄어들어 오차가 발생한다고 합니다. 이렇게 척도의 일관성을 유지하는 것은 보통 일이 아닌 모양입니다. 대부분의 국가에서 표준을 관리하는 별도의 기관을 설치하여 특별히 관리를 하는 이유도 여기에 있습니다.

하지만 정말 어렵고 중요한 것은 척도가 될 만한 대상을 찾아내는 것이 아니라 이것을 실제로 척도로 기능하도록 설정하는 과정입니다. 앞서 척도는 인간에 의해 임의적이고 자의적으로 설정되는 것이라고 말씀드렸습니다. 그 대상이 무엇이든 인간이 그것을 척도로 삼기로 마음먹는다면 척도가 될 수 있다는 점에서 분명 척도는 임의적인 성격을 지닙니다. 하지만 척도가 그저 개인의 차원에 머무르지 않고 사회적 차원의 의미를 획득하기 위해서는 다수의 사람들이 여기에 동의하는 과정이 반드시 필요합니다.

사회적으로 척도가 수립되는 첫 번째 단계는 '합의'의 단계입니다. 사회구성원 다수가 척도 혹은 새로운 표준이 필요하다는 것에 동의해야 하겠죠. 사실 이 첫 단계에서부디 난관은 시작됩니다. 이건 논리적 필요성만으로 설득될 수 있는 문제가 아니기 때문입니다.

예를 들어, 미터법의 경우 훨씬 쉽고 표준적인 척도체계라는 점은 누구나 알고 있었지만, 당대에 세계최고의 강대국이었던 영국과 미국은 이 미터법의 도입을 거부합니다. 이유는 아주 간단했습니다. 역설적으로 미터법을 도입하지 않은 상태에서도 이미 강대국인데 굳이 미터법을 도입할 이유가 없다는 것이었습니다. 게다가 새로운 척도가 도입된다는 것은 과거의 척도로부터 이득을 얻고 있던 누군가가 이득을 포기해야 한다는 뜻이기도 합니다. 누구에게도 유리하거나 불리하지 않은 불편부당한 기준을 찾아내야 하는데, 이게 말처럼 그리 쉬운 일이 아닌 것입니다.

그리고 우여곡절 끝에 척도에 대한 합의가 이루어졌다 하더라도, 이 척도가 '공유'되는 단계가 필요합니다. 이 지점에서부터 척도의 문제는 과학에서 정치의 영역으로 완전히 넘어가게 됩니다. 더 많은 사람들, 더 많은 국가가 같은 척도를 사용해야만 공통의 기준으로서 척도가 의미를 지니게 되는 것입니다. 척도가 질서를 의미하는 것임을 생각해보면, 새로운 척도를 받아들인다는 것은 새로운 질서의 체계에 편입될 것인가 말 것인가를 결정하는 행위로 볼 수 있습니다.

프랑스의 미터법 개혁이 프랑스혁명 당시 혁명정부의 관료들에 의해 주도됐기 때문에 성공한 반면, 영국은 미터법 개혁을 주장한 사람들이 주로 학자들이었고 정치인들을 끌어들이지 못했기 때문에 실패한 것이라는 견해가 있는데, 이는 척도의 정치적 성격을 가장 직접적으로 드러내는 진술이 아닌가 싶습니다.

국가적 차원에서는 이런 질서에 강제로 편입된 경우들이 적지 않습니다. 프랑스혁명이 유럽 전역에 확산되면서 미터법이 보급된 일이나 영국이 중국, 아프리카 등을 식민지화하면서 그곳의 고유한 척도들을 무시하거나 파괴하고 미터법을 강요한 것이 대표적인 사례입니다. 반대로 1950년대 이후 등장한 신흥독립국들이 국제사회로의 진입을 열망하여 스스로 미터법 개혁에 앞장 선 것과 같이 자발적인 편입 사례들도 있습니다.

그렇다면 이미 공유된 척도는 그것으로 완성된 것일까요. 척도가 이렇게 넓은 지역 다양한 사람들에게 확산되어 보편화되면 보다 근본적인 차원에서 '신뢰'의 문제가 발생하게 됩니다. 언제 어디에서나 동일하고 안정적인 척도, 화재나 천재지변이 발생하더라도 문제가 없고, 혹시 표준기를 잃어버리게 되더라도 같은 단위를 다시 만들어낼 수 있는 척도, 다른 무엇보다 사람들이 그러한 안정성과 정확성을 신뢰할 수 있는 척도라야 비로소 지속적으로 사회적인 의미를 지닌 척도로 존재할 수 있는 것입니다. 현대 사회에서는 과학의 힘으로 보다 정밀하고 안정적인 척도의 단위를 만들어내는 한편, 이를 국가기관의 엄정한 관리 하에 두고, 다시 국제적인 도량형위원회의 협의를 통해 공유하고 안정화시키는 복잡한 방식을 사용하고 있습니다.

하지만 애당초 '1미터'의 기준을 정하기 위해 인류가 기울인 노력에 비하면, 현재 도량형 관리체계의 복잡함은 아무것도 아니라고 할 수 있습니다. 이제 1미터의 기준을 찾아 7년간 고생고생을 한 끝에 마침내 인류에게 미터법 혁명의 불씨를 가져다준 두 프로메테우스의 여행을 통해 질서체계로서 척도가 가진 특성을 보다 생생하게 들여다보도록 하겠습니다.

1미터를 찾는
7년간의 여행

프랑스혁명 이전 구체제(앙시앵 레짐) 하의 프랑스에서는 지역별로 엄청나게 많은 단위가 사용됐습니다. 자료를 보면, 약 8백 개의 이름으로 25만 개의 도량 단위가 사용됐다고 하니, 이 정도면 다양한 수준을 넘어 혼란의 도가니라 해도 과언이 아닐 것 같습니다. 이러한 도량형의 혼돈 속에서 서민들은 불만을 가질 수밖에 없습니다. 도량형이 복잡하고 혼란스러울수록 그 허점을 이용해 상인들이 물건의 양을 속이거나 관리들이 세금을 더 걷어가는 등 늘 피해를 입는 건 서민들이었기 때문입니다.

따라서 새로운 세상을 만들겠다고 나선 프랑스혁명의 주역들이 도량형의 문제에 관심을 갖게 된 것은 당연한 귀결이라고 할 수 있습니다. 서민들의 불만을 해소하는 과정에서 혁명의 정당성을 주장할 수 있고, '누구에게나 평등한 척도'라는 개념은 혁명의 대의인 '평등'과 '민주주의'에도 직접적으로 부합하는 것이며, 다른 무엇보다도 새로운 척도는 혁명으로 일신한 새로운 정치질서를 상징하는 가장 훌

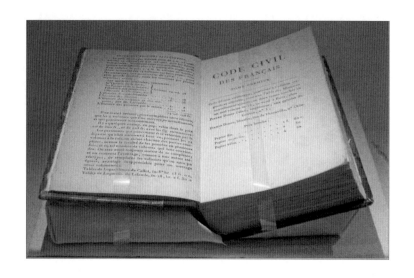

류한 표상으로 남을 것이기 때문입니다.

나폴레옹은 미터법을 두고 "정복은 순간이지만, 이 업적은 영원하리라"라는 말을 했다고 합니다. 재미있는 건 나폴레옹이 자서전에서 『나폴레옹 법전』을 두고도 "나의 진정한 영광은 마흔 번의 전투에서 거둔 승리에 있는 것이 아니라 내가 만든 민법전을 말살시킬 수 없다는 데 있다"라고 비슷한 말을 했다는 것입니다. 척도와 법전, 질서와 법이 나란히 교차되는 순간입니다.

문제는 앞서 우리가 살펴보았던 척도의 조건들, 즉 변화가 없이 안정적이고, 측정을 통해 재생이 가능하며, 누구에게도 이득이 되지 않는 불편부당한 대상을 찾는 것이었습니다. 이에 새로운 척도 개발의 임무를 맡은 프랑스아카데미는 자연에 있는 불변의 대상을 척도로 삼으면 될 것이라고 생각했습니다. 그 뒤 지구 자오선, 즉 지구를 수박처럼 세로로 잘랐을 때 생기는 원의 1/4에 해당하는 길이의 천

CODE CIVIL

DES FRANÇAIS.

TITRE PRÉLIMINAIRE.

*DE LA PUBLICATION, DES EFFETS
ET DE L'APPLICATION DES LOIS
EN GÉNÉRAL.*

Décrété le 14 Ven-
tôse an XI.
Promulgué le 14 du
même mois.

ARTICLE I.er

LES lois sont exécutoires dans tout le territoire français,
en vertu de la promulgation qui en est faite par le PREMIER
CONSUL.

Elles seront exécutées dans chaque partie de la Répu-
blique, du moment où la promulgation en pourra être
connue.

La promulgation faite par le PREMIER CONSUL sera répu-
tée connue dans le département où siégera le Gouvernement,
un jour après celui de la promulgation ; et dans chacun
des autres départemens, après l'expiration du même délai,
augmenté d'autant de jours qu'il y aura de fois dix myria-
mètres [environ vingt lieues anciennes] entre la ville où la

A

『나폴레옹 법전』

1804년에 나폴레옹이 편찬한 법전으로, 『민법전』이라고도 합니다. 법 앞에서의 평등, 취
업·신앙·계약의 자유, 사유재산 존중 등 프랑스 혁명의 성과를 그대로 반영하고 있어, 근
대 법전의 기초가 됐습니다. 『함무라비 법전』, 『유스티니아누스 법전』과 함께 세계 3대 법
전 중 하나입니다. 사진은 슈파이어 팔츠 역사박물관에 소장된 판본(좌)과 1804년 원본의
첫 페이지(우)입니다.

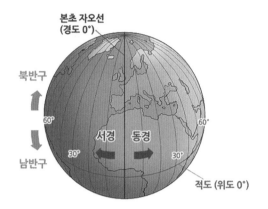

본초 자오선
(경도 0°)

북반구

남반구

60°

30°

서경 동경

60°

30°

적도 (위도 0°)

자오선(子午線, meridian)

12지(支)의 자(子, 北)의 방각(方角)과 오(午, 南)의 방각을 잇는 선이라는 뜻입니다. 지구의 남북 양극을 통과하는 대원(大圓)을 이루는 선으로, 그 원이 통과하는 지점의 이름을 따서 그리니치 자오선이라 부르기도 합니다. 동일 자오선 상에서는 경도가 같기 때문에 경선이라고도 부릅니다.

만분의 일을 기본 척도로 정하고, 척도를 뜻하는 그리스어 '메트론(metron)'에서 유래한 미터(meter)라는 명칭을 붙여 사용하기로 했습니다. 지구의 크기를 기준으로 하면 어떤 특정 국가나 공동체의 이해관계와 관련된 것도 아니고, 불변의 기준이 될 것이므로 가장 적당하다는 취지였습니다.

하지만 문제는 지구 자오선의 길이를 어떻게 측량할 것인가 하는 점이었습니다. 이 어마어마한 임무를 위해 들랑브르(Joseph Delambre)와 메생(Pierre Méchain)이라는 두 과학자가 선발됐습니다. 두 사람은 파리에서 출발하여 한 명은 남쪽, 한 명은 북쪽을 향해 측량을 해나갔습니다. 말을 타거나 걸어 다니면서 순전히 수제 삼각 측량기에만 의

존하여 맨눈으로 조금씩 조금씩 측량하여 길이를 이어 붙였습니다.

이 작업은 총 960킬로미터, 7년간에 걸친 대장정이었습니다. 교회 첨탑에 오르거나 눈 덮인 산을 넘는 일은 어려운 일의 축에도 들지 못했습니다. 탐사 도중 질병과 부상으로 앓아눕기도 했으며, 유럽 전역이 혁명으로 들끓는 상황에서 감금되거나 죽음의 위협에 직면하는 일도 부지기수였습니다. 심지어 프랑스 본국의 상황이 바뀌어 임무가 취소되고 다시 재개되기를 반복한 끝에 그들은 간신히 임무를 마치고 영웅이 되어 프랑스로 귀환할 수 있었습니다. 이들의 측량 성과를 바탕으로 미터법의 공유와 확산을 위한 세계 최초의 국제 학술 회의가 열리고, 이러한 '합의' 과정을 통해 미터법은 정식으로 세상에 모습을 드러내게 됩니다.

여기까지만 보면 미터법의 역사를 열어젖힌 영웅들의 서사시, 근대에 재현된 한 편의 오디세이아처럼 느껴집니다. 하지만 실상은 드라마의 대단원처럼 그렇게 아름다운 것이 아니었습니다. 일단 이 두 사람이 측정한 수치는 그 자체로 오류가 있었습니다. 성공적으로 측량을 마친 들랑브르와 달리, 남쪽으로 내려가며 측량을 했던 메생의 자료는 여러 가지 측정 오차를 메우기 위해 그가 임의로 수치를 바꾸어 적는 바람에 약 3.25킬로미터의 오류가 발생한 것입니다.

이런 오류의 책임을 메생의 개인적인 불성실로만 돌리기는 어렵습니다. 그보다는 자오선을 직접 측량하겠다는 프로젝트 자체가 근본적으로 많은 문제를 안고 있었다는 점을 고려할 필요가 있습니다. 일단 '지표의 거리'(지오이드)를 어떻게 설정하는가에 대한 문제가 있습니다. 아시다시피 지표면에는 산과 계곡, 낭떠러지와 언덕 등이 불규

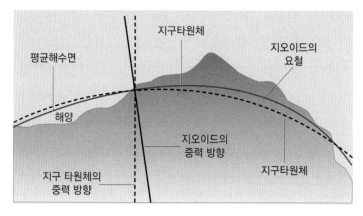

지오이드

평균 해수면을 이용해 지구의 모양을 나타낸 것입니다. 실제적으로 표현하기 어려운 지표면보다는 단순하면서도, 너무 단순한 회전타원체보다는 실제에 가깝도록 지구의 모양을 나타냅니다. 어디서나 중력 방향에 수직이며, 해양에서는 평균 해수면과 일치하고 육상에서는 땅속을 통과하게 되며, 그 높이가 항상 0미터로, 측량 해발고도의 기준면이 됩니다. 지오이드 면은 실제 지구의 모양과 지구 타원체의 중간에 위치한다고 생각하면 이해하기가 쉽습니다.

척하게 이어져 있습니다. 이 중에서 어떤 높이를 기준으로 삼느냐에 따라 지표면의 거리는 크게 달라질 수밖에 없습니다. 게다가 이어진 연구들의 결과, 지구 자오선은 지역마다 차이가 있어서 그들이 측정한 파리를 지나는 자오선의 거리가 어디에서나 보편적인 값이 아니며, 애초에 지구는 완전한 구가 아니라 적도 부근이 불룩하게 튀어나온 타원형이라는 점도 밝혀지게 됩니다.

　즉, 그들이 측정을 통해 발견한 것은 미터법의 기준이 될 정확한 자오선의 값이 아니라, 자오선의 값은 너무 불규칙해서 기준으로 삼을 수 없다는 역설적인 사실이었습니다. 원래 프랑스아카데미는 이미 자오선을 수학적 계산으로 예측한 수치를 가지고 있었는데, 이 두 사람이 파견된 것은 실제 측량을 바탕으로 보다 정확한 수치를 도출하기 위한 것이었습니다. 하지만 측정결과가 오히려 더 이상하게 나오자 국제위원회 위원들은 새로 측량된 자료를 무시하고 그냥 예전 자료를 바탕으로 미터의 길이를 정하기로 했습니다. 두 사람이 7년의 긴 세월 동안 심혈을 기울여 한 일은 완전히 쓸모없는 헛수고였던 셈입니다.

조금 더 시선을 넓혀 생각해보면, 결과의 오차가 문제가 아니라 애초에 두 사람이 측정 프로젝트를 시작한 것 자체가 무의미한 일이었다는 점에서 허탈함은 배가됩니다. 그 1미터를 정하기 위해 과연 그토록 엄청난 예산과 7년이라는 시간을 들일 필요가 있었을까요. 그냥 국제위원회에서 '이만큼을 1미터로 정하자'라고 합의하고 그대로 시행하기만 하면 되는 일 아니었을까요. 도대체 이들은 무엇 때문에 그런 죽을 고생을 한 것일까요.

어떤 이는 당시 프랑스아카데미가 자신들의 영향력을 넓히고 대규모의 국가예산을 받아 과학자들의 주머니를 채우기 위해 이런 거창한 쇼를 벌인 것이라고 보기도 합니다. 현실적으로 그런 면이 없진 않았을 것입니다.

그럼에도 많은 이들은 이 7년간의 고행이 결코 헛된 것이 아니라고 평가합니다. 분명 척도 자체를 만들어내는 데는 별다른 쓸모가 없는 거창한 쇼였지만, 바로 그런 거창함이 미터법의 성공을 가져온 가장 큰 힘이라는 것입니다. 한 손에 삼각 측량기만을 들고 비가 오나 눈이 오나, 산을 넘고 강을 건너, 전쟁의 포화와 적대국의 위협을 뚫고 펼친 두 사람의 7년간의 장정은 그 자체로 하나의 스펙터클입니다. 이는 당대의 사람들에게 커다란 이야깃거리가 되어 미터법을 널리 알리는 데 기여했을 뿐 아니라, 미터법 혁명의 최초의 동기였던 프랑스대혁명과도 썩 잘 어울리는 영웅담이었던 것입니다. 혁명의 주역으로서 프랑스인들이 모두 자랑스러워할 수 있는 척도인 동시에, 미터법을 생각할 때마다 그들의 희생과 노력을 떠올리며 함부로 무시하거나 포기할 수 없는 소중한 유산이라는 의식을 갖게 만들어준 것입니다. "과학으로서는 실패했을지언정, 정치로서는 성공한 원정"이라는 후대의 평가는 이렇게 성립합니다.

> 무엇보다 자오선 측량은 기념비적인 업적이며 반드시 보존해야 하는 프랑스혁명의 자랑스러운 유산이었다. 이런 의미에서 그것은 과학으로서는 실패했을지언정 정치로서는 성공했다고 볼 수 있었다. 자오선 측량의 가장 큰 장점은 간단한 진자 실험처럼 손쉽게 되풀이할 수 없다는 점이었다. 자오선 원정은 힘들고 비용이 많이 드는 무척 방대한 사업이었기 때문에 미터를 영원히 고정시킬 수 있었다.[14]

하지만 이런 지적은 척도가 가진 본질적 특성의 일부만을 보여주는 것입니다. 정말 미터법이 고정될 수 있었던 진정한 계기가 자오선 원정이 단순히 힘들고 비용이 많이 드는 방대한 사업이었기 때문일 뿐인가요. 가정해봅시다. 만약 단지 그뿐이라면, 이후에 더 많은 노력과 비용을 들일 의지를 지닌 사람들이 나타난다면 척도는 언제든지 다르게 바뀔 수 있지 않았을까요.

요즘 국가 차원에서 벌이는 사업들의 규모를 생각해보면, 당시에 투입된 비용이나 7년간의 시간이 재현 불가능할 만큼 거대한 것으로 여겨지지는 않습니다. 따라서 미터법이 성공한 진정한 원인은 이러한 일련의 과정들을 통해 '널리 알려졌기' 때문이라고 보는 것이 보다 정확할 것입니다.

아이러니하지만 '미터법은 이미 보편화됐기 때문에 보편화된 것'입니다. 미터법의 승리는 '옳은 질서의 승리'가 아니라 '다수의 사람들이 옳다고 생각하는 질서의 승리'일 뿐이며, 질서의 문제가 옳고 그름, 정확함과 부정확함의 문제이기 이전에 사람들이 인식과 합의와 신뢰를 어떻게 끌어내는가 하는 정치적 차원의 선택의 문제임을 보여줍니다. 빅벤과 보신각의 종은 권력을 상징하는 척도의 사례이지만, 따지고 보면 척도는 그 자체로 권력의 문제인 것입니다.

척도의 억압,
척도의 정치

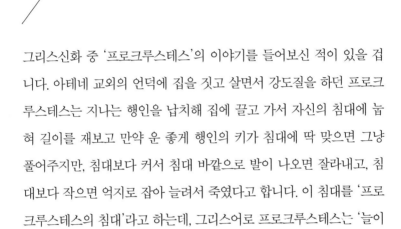

그리스신화 중 '프로크루스테스'의 이야기를 들어보신 적이 있을 겁니다. 아테네 교외의 언덕에 집을 짓고 살면서 강도질을 하던 프로크루스테스는 지나는 행인을 납치해 집에 끌고 가서 자신의 침대에 눕혀 길이를 재보고 만약 운 좋게 행인의 키가 침대에 딱 맞으면 그냥 풀어주지만, 침대보다 커서 침대 바깥으로 발이 나오면 잘라내고, 침대보다 작으면 억지로 잡아 늘려서 죽였다고 합니다. 이 침대를 '프로크루스테스의 침대'라고 하는데, 그리스어로 프로크루스테스는 '늘이는 자'라는 뜻이라고 합니다.

원래 이 이야기는 편견이나 선입관을 가지고 타인의 의견을 재단하는 편협한 태도의 문제점을 지적하기 위해 만들어진 비유이지만, 이야기 자체로만 놓고 보자면 프로크루스테스의 침대는 행인을 평가하는 '척도'의 역할을 했다고 볼 수 있습니다. 그렇다면 악당의 침대처럼 척도 역시 폭력을 행사하는 무서운 도구가 될 수 있는 건 아닐까요.

측정이 가능하려면 기본적으로 대상을 모두 같은 것으로 '가정'하

프로크루스테스의 침대의 이야기가 담긴 도자기 그림

는 추상화의 과정이 필요합니다. "우리 반 학생들은 스무 명이에요"라고 말할 땐, 기본적으로 한 명 한 명이 그 가치와 존재의 측면에서 더하거나 덜함이 없이 똑같은 '하나'라는 전제가 필요한 것입니다. 당연히 그 과정에서 구체적인 것들은 배제되게 됩니다. "내 필통 속의 연필 열 자루"라고 말할 때, 개개의 연필들이 서로 길이가 다르다거나 색이 다르다거나 어떤 것은 진하게 혹은 옅게 나오고, 어떤 연필은 내가 좋아하는 것이고 어떤 것은 할머니가 선물해주신 것이라는 등의 사연들은 모두 잘려나가 앙상하고 메마른 '연필 열 자루'만 남게 되는 것입니다.

사실 척도의 역사는 따지고 보면 이런 구체성의 배제를 통한 권력의 집중, 억압의 역사라고 할 수 있을지도 모릅니다. 미터법 성립의 직접적 계기가 됐던 프랑스 앙시앵 레짐의 '혼란스러운' 도량형 체계는 과연 나쁘기만 한 것이었을까요.

A FAUT ESPERER Q'EU*JEU LA FINIRA BEN TOT

앙시앵 레짐(ancien régime, 구체제)

프랑스 혁명 전의 프랑스 사회를 총괄적으로 지칭하거나 근대화 이전의 사회를 지칭합니다. 절대주의 시대의 근대적인 발전에도 불구하고, 당시 사회 구조는 귀족적이고 봉건적인 요소와 세력을 탈피하지 못하고 있었습니다. 성직자, 귀족 그리고 제3신분이라는 신분제도 하에서 인구의 약 2퍼센트뿐인 성직자와 귀족들이 국토의 1/3 이상을 소유하고 관직을 독점하고 있었습니다. 프랑스 혁명은 이 구제도를 타파하려고 한 시도였습니다.

예를 들어, 앙시앙 레짐에서는 농토의 면적을 넓이가 아닌 그 땅에 뿌리는 곡물의 씨앗이 몇 통의 부셸(bushel)에 담기는지에 따라 '부셸'로 표기했습니다. 같은 넓이의 땅이라 할지라도 더 기름진 땅이거나 혹은 더 평탄한 땅이라면 더 많은 수확을 기대할 수 있으니, 더 큰 단위로 표시해야 한다는 생각이 반영된 것입니다.

또한 땅의 넓이를 '주르네(journee)'로 표시하는 경우도 있었습니다. '주르(jour)'는 프랑스어로 '하루'라는 뜻입니다. 10주르네는 한 사람이 열흘 동안 혹은 열 사람이 하루 동안 일을 해야 하는 경작지의 넓이를 표현한 것입니다. 어떤 일꾼에게 "이틀 치 품삯을 줄 테니 3주르네의 과수원 수확 일을 도와주게"라고 제안한다면, 당장 "아이구, 주인나리 그게 무슨 말씀이십니까. 3주르네 정도의 크기라면 당연히 사흘 치 품삯을 주셔야죠"라는 대답과 협상이 당장 가능해지는 것입니다. 하지만 어찌 보면 경작지의 이런저런 사정들을 깡그리 무시하고 단순히 넓이로만 표현하는 제곱미터보다 이쪽이 훨씬 '합리적인' 척도는 아닐까요. 우리나라에서도 농토의 넓이를 표현할 때 '마지기'라는 단위를 썼는데, 이 역시 부셸처럼 한 말의 씨앗을 뿌릴 만한 면적을 의미했다고 합니다. 그만큼 이 단위는 농경생활에 적합한 보편 타당성을 지니고 있었다고 보아야 할 것입니다.

이에 비하면 미터법은 사회질서의 토대였던 인격적 관계를 맹목적인 계몽의 기획을 바탕으로 폭력적으로 재편하려 했던 시도처럼 보이기도 합니다. 정작 미터법의 강력한 후원자였던 나폴레옹조차도 스스로는 미터법에 익숙해지기를 포기하고 관료들에게 옛날 단위로 바꾸어서 보고하라고 다그쳤다고 할 만큼, 적어도 당대에 미터법은 절실하지도 대중의 강력한 지지를 받지도 못한 척도였습니다.

미터법을 주창한 사람들은 미터법 이전이 '혼돈'으로 가득한 무질서의 상태였던 것처럼 과장하고, 따라서 미터법의 시행은 '질서'로의 이행인 것처럼 묘사했습니다. 하지만 미터법의 시행은 질서의 탄생이 아니라, 심지어 당시 사람들의 입장에서는 '더 나은' 질서의 탄생도 아니라, 단지 이미 존재하고 있던 질서에서 다른 질서로의 이행일 뿐이었습니다.

그래서 미터법은 만들어지는 데에도 7년이라는 긴 시간이 필요했지만, 사람들에게 수용되기까지 200년이 넘는 오랜 세월이 소요됐습니다. 실제로 미터법이 확산되기 시작한 것은 산업혁명과 시민혁명의 결과 국가의 성격이 완전히 국민국가(nation)[15]로 변화되면서, '국민'을 양성하기 위해 공공교육이 확대되는 1800년대 후반에서부터였습니다. 특히 제국주의의 확산 그리고 제1차 세계대전을 통해 국가단위의 전쟁과 중앙 집중화가 급속히 이루어지면서 미터법은 비로소 자리를 잡을 수 있었습니다. 결국 세계의 질서가 더 긴밀히 연결되고 집중되며, 그 과정에서 권력의 위계관계가 확실히 자리 잡게 되면서 미터법은 비로소 자신의 자리를 찾을 수 있었던 것입니다.

혹시 '피트니스 밴드'라는 스마트기기를 보신 적이 있을지 모르겠습니다. 시계 혹은 팔찌처럼 생겨서 손목이나 팔에 늘 감고 다닐 수 있도록 만들어진 이 기기는 사용자의 심박수, 수면시간과 수면상태, 체온, 보행거리, 자외선 노출 정도 등 건강에 관련된 다양한 정보들을 측정해줍니다. 귀찮게 이런 걸 누가 차고 다닐까 생각하실지 모르겠지만, 의외로 많은 사람들이 이 기기를 사용하고 있습니다. 최근 각광을 받고 있는 애플워치와 같은 스마트시계에는 필수적으로 이런 기능들이 포함되어 있습니다.

그렇다면 왜 사람들은 피트니스 밴드에 열광하는 것일까요. 아마도 그건 나 자신도 잘 알지 못하는 나에 대한 정보를 수치화해서, 심지어 누적하고 분석해 알려주기 때문일 것입니다. 이런 정보를 바탕으로 운동량을 계산하고 칼로리를 조절해서 다이어트를 하거나 건강을 지킬 수 있기 때문에 비싼 가격에도 피트니스 밴드를 구입해서 하

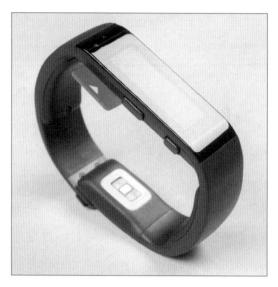

피트니스 밴드

마이크로소프트사에서 2014년 9월 출시한 스마트 밴드로, 피트니스 추적 및 건강 지향 기능을 내장하고 있으며 블루투스 연결을 통해 스마트폰과 통합됩니다.

루 종일, 1년 365일, 심지어 화장실에 가거나 잠을 잘 때조차 늘 팔에 차고 다니는 것이지요.

재미있는 것은 의외로 이 기기들의 정확성이 그리 높지 않다는 점입니다. 최근 아이오와주립대학 연구진이 테스트해본 바에 따르면, 기기 대부분이 10퍼센트에서 15퍼센트, 많게는 23.5퍼센트까지 정확도가 떨어졌다고 합니다.[16] 100미터를 측정하면 77미터나 123미터로 측정된다는 뜻이니, 눈짐작으로 재는 것과 별반 다를 바 없는, 측정기기로서는 아마 최악에 가까운 성능이라고 해야 할 것 같습니다.

하지만 이 연구에서 더 흥미로운 부분은 기기의 정확도가 떨어진다고 해서 건강관리의 효과가 없는 것은 아니었다는 점입니다. 정확도와 상관없이 기기를 꾸준히 활용하고, 이에 따라 몸을 움직이려고 한 사람들은 그렇지 않은 사람들보다 더 건강해지는 것이 당연하기 때문입니다. 즉, 피트니스 밴드의 진정한 가치는 '측정'이 아니라 '통제'였던 셈입니다.

더 많이 안다는 것은 더 많이 지배하고 통제할 수 있다는 뜻입니다. 베이컨이 말했던 "아는 것이 힘이다"라는 말은 많이 알면 좋다 정도의 일반적인 의미가 아니라, 계몽의 시대 이성의 힘에 도취됐던 이들의 슬로건, 즉 아는 것이 그 자체로 힘으로 환원될 수 있다는 '믿음'을 보여주는 것입니다. 특히 수량화된 정보들은 다른 정보들과 비교하고 변환할 가능성을 높여주기 때문에 더욱 매력적인 대상이라고 할 수 있습니다. 그러니 이런 정보들을 제공해주는 직접적인 도구인 척도에 대해 사람들이 그토록 집착하는 것도 충분히 이해할 만한 일입니다.

척도의 수립이 사람들의 의식 속에서 혼돈에서 질서로의 이행과 쉽사리 등치되는 것도 척도를 통한 상호 소통과 이해의 가능성에서 더 나아가 이를 통한 통제, 권력과 위계의 발생이 연상되기 때문일 것입니다. 도량형을 만든다는 것이 사실은 도량형이 없는 상태에서 있는 상태로 이행하는 것이 아니라, 이미 있는 도량형에서 새로운 도량형으로 이행하는 것임에도 늘 '좋은 일'로 여겨지는 까닭은 더 보편적인 도량형을 통한 '질서의 확장'에 대한 욕망이 사람들에게 내재해 있기 때문입니다.

미터법의 성립과정을 통해 설명 드렸듯이, 척도는 사람들에 의해 임의적으로 선택되는 것입니다. 어떤 단위가 안정성, 불변성 등 몇 가지 조건만 만족시킬 수 있다면, 자오선의 천만분의 일이든 내 손가락 한 마디의 길이이든 어떤 것이나 척도가 될 수 있습니다. 그 자체로 어떤 초월적 가치를 지니는 척도는 없는 것입니다. 오히려 훨씬 중요하고 어려운 문제는 임의로 설정된 척도를 어떻게 다수의 사람들에게 납득시킬 것인가의 문제입니다. 즉, 이는 척도가 '지배력'을 획득해가는 과정이라고 볼 수 있고, 과학의 영역을 넘어선 정치의 영역이라고 할 수 있습니다.

척도가 탄생하고 힘을 얻어가는 과정이 그랬듯이, '혼돈과 질서'의 문제는 객관적 상태의 문제이기 이전에 주관적이고 집합적인 선택의 문제인 것입니다. 척도의 문제가 이렇게 정치적 질서의 문제로 전이될 수 있는 것이라면 몇 가지 우려가 되는 부분이 있습니다. 첫째는 우리가 너무나 깊게 척도를 믿고 이를 바탕으로 살아가고 있다는 것이고, 둘째는 이와 동시에 척도가 점점 우리가 이해할 수 없는 어떤 대상으로 변해가고 있다는 점입니다.

혹시 현재 1미터의 정의가 무엇인지 아십니까. 국제물리표준에 따르면, "빛이 2억9979만2458분의 1초 동안 진행한 거리"라고 되어 있습니다. 제가 이 내용을 확인한 책에서는 바로 다음 문장에 "누구든 실험을 해서 1미터를 쉽게 알아낼 수 있게 됐다"고 되어 있어 순간 당황스러웠습니다. 과연 이 책을 읽는 분들 중에 빛이 2억9979만2458분의 1초 동안 진행한 거리를 잴 수 있는 분이 몇 명이나 있을까요.

1킬로그램의 정의는 심지어 이 글을 쓰고 있는 2015년 현재 아직 과학계에서조차 그 합의에 이르지 못하고 있습니다. 독일, 호주, 일본, 이탈리아 등은 지름 93.6밀리미터인 실리콘 공을 만들고 그 안에 있

와트 저울
미국 국립표준기술연구소에 있는 모습입니다.

는 원자 개수를 세서 질량표준으로 삼자는 '아보가드로 프로젝트'를 주장하고 있고, 미국, 캐나다, 스위스, 프랑스, 우리나라는 정밀한 전기력을 발생시켜 이 힘을 중력으로 환산하는 '와트 저울' 방식을 주장하고 있다고 합니다. 저 같은 일반인의 입장에서는 두 가지 모두 이해하기가 어렵습니다. 게다가 여기에 나라마다 학자마다 주장하는 방식에 따라 '지지', '대립'이란 말이 나오는 것을 보면, 과학의 문제를 과연 이렇게 정치적인 방식으로 정해도 되는 것인지 일반인들 입장에서는 아리송하기만 할 따름입니다.

물론 이렇게 척도가 복잡해지는 이유는 무엇보다 우리가 '너무나 척도를 믿기' 때문입니다. 인공위성과 로켓, 인터넷 네트워크와 차량 통제, 항공망에 이르기까지 조금만 오차가 발생해도 엄청난 참사가 발생할 수 있는 초정밀사회에 살다 보니, 척도의 기준도 점점 더 세밀해지는 것이지요. 사실 우리가 서 있는 발밑이 이렇게 아슬아슬한 척도들을 간신히 쌓아 올려 만들어진 것이라는 점을 생각해보면 정말 아무 걱정 없이 이렇게 살아도 되는 건가 고개가 갸우뚱해지기도 합니다.

이렇게 우리는 점점 척도의 정치에서 밀려나고 소외되어 '주어진 대로 받아들일 수밖에 없는' 상황에 몰리고 있습니다. 우리의 삶은 더

1.3밀리미터의 오류로 기능이 마비된 허블망원경

1990년 4월 24일, 19년의 제작 기간과 17억 달러라는 어마어마한 비용이 들어간 허블망원경이 지구 상공 궤도에 쏘아 올려졌습니다. 무게 12.2톤, 주 거울 지름 2.4미터, 총 길이가 약 13미터인 이 반사 망원경은 지구 상공 610킬로미터 고도의 궤도를 약 97분에 한 번씩 돌면서 천체 관측을 수행하고, 우주의 생생한 영상들을 지구에 보내도록 설계됐으나, 궤도 안착 이후 처음 보내온 사진들은 애초에 기대했던 것과는 거리가 멀었습니다. 초점이 맞춰지지 않은 왜곡된 사진들뿐이었던 것입니다.

이후 사진 분석 결과 허블망원경의 주 거울의 경면이 원래 설계도와 다르게 잘못 제작됐다는 것이 밝혀졌습니다. 오차는 지극히 미세한 것이었으나 이로 인해 영상의 초점이 제대로 맺히지 못하는 문제점이 야기됐고, 그래서 원래 목표했던 중요한 관측 과제들은 제대로 수행될 수 없었습니다. 8천여 편의 논문이 발표될 만큼 미항공우주국의 기술 역량이 집약됐던 이 프로젝트가 어이없는 오류 때문에 실패하게 된 사례였습니다.

허블망원경

이상 우리가 어떻게 할 수 있는 대상이 아닌 것만 같습니다. 신호등은
분명 정확히 점등될 거라고 믿고, 원자력발전소는 안전하다고 믿으며,
하늘에서 난데없이 비행기가 추락하는 일 따위는 없을 거라고 믿으며
살아갑니다. 믿을 만하다는 근거가 있어서가 아니라 믿지 않고서는 달
리 어쩔 도리가 없기 때문에 믿습니다. 우리는 더 이상 우리 삶의 주인
이 아니며, 우리가 원하는 질서를 선택할 권리조차 없습니다.

우리나라 사람들의 대다수가 2~3인 가족은 20평 내외의 아파트가
적합하고, 4인 가족은 30평 내외, 여유 있는 사람들은 40평 정도면 충분
하다는 식의 평수를 통한 인식의 척도들을 가지고 있었습니다. 하지만
갑자기 법이 바뀌고 나니, 우리는 수치가 주는 공간에 대한 통상적인
감각을 포기하고, 부동산 유리창에 붙은 전단지에 쓰여 있는 66제곱미
터, 99제곱미터, 132제곱미터를 쭈그려 앉아 다시 평수로 환산해서 상
상해보는 고통을 일방적으로 강요당하게 됐습니다. 전자제품 양판점

의 판매직원은 텔레비전을 사러온 고객들에게 방에서 보시려면 32인치, 거실에서 보시려면 40인치, 영화 많이 보시려면 50인치라고 제품을 설명하지만, 정작 제품에 붙어 있는 표시 문구는 81센티미터, 101센티미터, 127센티미터입니다. 사실 이 글을 쓰게 된 동기도 친구에게 편지를 부치려고 봉투에 도저히 외워지지 않는 도로명주소로 집주소를 바꾸어 쓰다가 몇 번이나 틀려서 화가 났기 때문이기도 합니다.

척도는 누군가에게는 질서이지만 동시에 누군가에게는 혼돈입니다. 이 둘 사이의 차이는 과학의 문제라기보다는 정치의 문제입니다. 척도 자체에 옳음과 그름이 존재하는 것이 아닙니다. 척도가 만들어내는 질서의 문제도 마찬가지입니다.

더 읽어볼 책

켄 앨더 지음, 임재서 옮김, 『만물의 척도』, 사이언스북스

1미터를 찾아 떠난 들랑브르와 메생의 7년간의 오디세이를 아주 세세하게 묘사한 역작입니다. 미터법의 성립에 관해서 현재와 과거를 오가며 옛날이야기를 하듯이 풀어놓고 있어 일반인도 쉽고 재미있게 읽을 수 있습니다. 뒷부분으로 가면서 점점 이야기가 복잡해지고 읽기가 싫어지는 것은 제가 말씀드린 '척도로부터의 소외'를 독자들이 직접 경험하도록 저자가 치밀하게 배려한 것이 아닌가 하는 생각도 듭니다.

로버트 P. 크리스 지음, 노승영 옮김, 『측정의 역사』, 에이도스

『만물의 척도』가 미터법의 성립을 집중적으로 다룬 책이었다면, 이 책은 보다 포괄적으로 다양한 도량형이 성립되는 과정들을 설명하고 있습니다. 이런 종류의 책은 전문용어가 많이 쓰여서 번역도 힘든데 이 책을 옮긴 번역자는 직접 원저자와 의견을 나누고 풍부한 자료를 수집하여 읽기 쉽고 정확한 번역을 제공하고 있습니다. 이 책에 관련된 자료를 별도로 모은 블로그도 운영하고 있다고 하니, 관심 있는 분들은 한번 들러보시면 좋을 것 같습니다.

혼돈과 질서

3

배트맨과
조커

슈퍼히어로 영화 좋아하시나요. 보통 사람들을 훨씬 뛰어넘는 능력으로 우리를 지켜주는 정의의 용사들. 하지만 이 뻔한 표현에도 혼돈과 질서의 비밀을 여는 중요한 열쇠가 숨겨져 있습니다. 그들이 그 뛰어난 능력으로 하는 일이 결국 '지키는' 것, 즉 현재의 상태를 유지하는 것이라는 점입니다. 따라서 그들이 말하는 '정의'란 '지금 현재의 상태'일 것이며, 달리 말해 '지금의 질서'를 유지하는 것이 그들의 역할이라고 할 수 있을 것입니다. 하지만 아이러니한 것은 그들이 질서를 지키기 위해 스스로 범죄자를 체포하고 응징하는 것은 공권력의 권한을 침해하는 '자력구제' 행위로서 기본적으로 불법이라는 점입니다. 즉, 슈퍼히어로는 질서를 지키기 위해 질서를 어기는 모순에 빠지는 것입니다. 어째서 이런 문제가 생긴 것일까요. 무엇보다 우리는 왜 슈퍼히어로에 열광하는 것일까요. 그들의 행동은 질서를 지키는 것일까요 아니면 또 다른 혼돈을 가져오는 것일까요.

슈퍼히어로의
기원

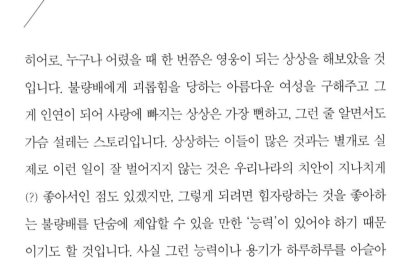

히어로. 누구나 어렸을 때 한 번쯤은 영웅이 되는 상상을 해보았을 것입니다. 불량배에게 괴롭힘을 당하는 아름다운 여성을 구해주고 그게 인연이 되어 사랑에 빠지는 상상은 가장 뻔하고, 그런 줄 알면서도 가슴 설레는 스토리입니다. 상상하는 이들이 많은 것과는 별개로 실제로 이런 일이 잘 벌어지지 않는 것은 우리나라의 치안이 지나치게 (?) 좋아서인 점도 있겠지만, 그렇게 되려면 힘자랑하는 것을 좋아하는 불량배를 단숨에 제압할 수 있을 만한 '능력'이 있어야 하기 때문이기도 할 것입니다. 사실 그런 능력이나 용기가 하루하루를 아슬아슬하게 살아가는 평범한 사람들이 흔히 갖출 수 있는 것은 아니지요.

위험에 빠진 사람을 구하는 것도 이리 쉽지 않은데 그보다 더 많은 사람, 세상, 지구를 구하려면, 도대체 얼마나 커다란 능력이 필요한 것일까요. 우리는 이렇게 엄청난 초인적 능력을 갖춘 사람들에 대한 상상을 만화에서 영화에서 드라마와 광고에서 수시로 만나고 있습니다. 우리는 이들을 인간을 초월한 영웅, 슈퍼히어로라고 부릅니다.

슈퍼히어로에 대한 상상은 어느 시대, 어느 공간에서나 있었습니다. 거슬러 올라가면 수메르 신화에 등장하는 길가메시나 그리스 신화의 헤라클레스, 우리 전래동화 속의 홍길동이나 전우치도 인간을 뛰어넘는 힘을 통해 사람들을 구하고 엄청난 성취를 이루는 슈퍼히어로라고 할 수 있겠습니다. 하지만 슈퍼히어로가 하나의 용어처럼 쓰이며 대중문화 상의 장르로 등장하게 된 것은 아무래도 미국 만화와 영화를 통해 일련의 히어로물들이 인기를 얻으면서부터라고 할 수 있을 것입니다.

슈퍼맨, 스파이더맨, 배트맨 등 우리나라에도 널리 알려져 있고 지금도 꾸준히 시리즈물들이 이어지고 있는 슈퍼히어로의 계보는 1900년대 초반 대중들을 대상으로 판매되던 저가의 잡지인 '펄프매거진'에 그 기원을 두고 있습니다. 철저하게 대중의 판타지를 자극하는 내용으로 채워지던 이런 잡지들은 대개 모험소설, 로맨스소설, 공상과학소설과 탐정소설들을 담고 있었습니다. 흥미로운 것은 판타지 목록에 탐정소설이 들어갔고, 심지어 주류를 이루고 있었다는 점입니다.

여기엔 여러 가지 원인들이 있을 것입니다. 우선 탐정소설이 다루고 있는 내용은 읽는 이들의 일상에 가까운 내용들이라는 점입니다. 주변에서 흔히 볼 수 있는 사람들과 사물들 그리고 신문에서 늘 다루어지는 크고 작은 사건들을 직접 다루는 탐정들의 활약은 머나먼 정글 속 모험이나 외계인이 등장하는 공상과학 이야기보다 훨씬 친숙하고 박진감 있게 다가왔을 것입니다. 여기에 탐정이 여러 증거와 단서들을 바탕으로 극히 논리적인 추론을 통해 우리가 알 수 없는 사건의 현장과 순간을 재현하고 범인을 찾아낸다는 점에서, 탐정소설은

길가메시와 석판

길가메시는 수메르·바빌로니아 등의 민족 사이에 알려진 전설적 영웅으로, 우루크 제1왕조 제5대 왕이자 반신반인의 인물이었습니다. 그는 서사시 속에서 친구의 죽음에 불로불사의 비결을 찾아 다녔으나 결국 빈손으로 돌아오게 됩니다. 사진은 프랑스 루브르박물관에 소장된 길가메시의 부조(우)와 『길가메시의 서사시』가 쓰여 있는 석판(하)입니다.

펄프매거진

특히 미국에서 1920~1940년대에 크게 유행했던 잡지
로, 미스터리·SF·모험소설·환상소설·실화 등이 선정
적인 표지의 잡지에 게재됐으며, 등장하는 영웅들은 독
자들에게 흥미로운 모험을 제공해주었습니다. 그림은
펄프매거진의 하나였던 『*Spicy Detective*』의 1935년 4월
제2권의 표지입니다.

더할 수 없이 짜릿한 쾌감을 주는 '판타지'였을 것입니다.

즉, 빅토리아 여왕 시기의 이성적 사고에 대한 확신과 기대가 만
들어낸 최고의 히트작이 코난 도일의 탐정소설 『셜록 홈즈』 시리즈였
다면, 그 영향으로 만들어진 일련의 탐정소설과 공상과학소설들이 대
중의 일상에까지 파고들어간 결과 만들어진 것이 펄프매거진이라고
볼 수 있는 것입니다.

하지만 이런 인간의 이성에 대한 확신을 송두리째 깨버리는 엄청
난 사건이 일어납니다. 전 세계가 한꺼번에 만인의 만인에 대한 투쟁
을 벌이는 지옥도의 실현, 제1차 세계대전이 일어난 것입니다. 이 전
쟁이 사람들에게 준 충격은 엄청난 것이었습니다.[17] 사람들이 알고
있는 대부분의 나라가 한꺼번에 전쟁을 벌이는, 말 그대로 세계대전
이 실제로 벌어졌다는 것도 놀라웠지만, 산업혁명을 통해 발전된 무
기들로 자행된 대량살상은 인간의 상상을 뛰어넘는 것이었습니다.

처음 등장한 탱크에 돌격한 기병대가 몰살당한 일이라든가 기관
총 한 정으로 수천 명의 사람들을 죽인 일도 충격적이었지만, 특히 개

넘조차 생소했던 화학무기에 한꺼번에 만 명 단위의 사람들이 죽어 나가는 것을 목격한 사람들은 인간이 지닌 이성이라는 것이 과연 무슨 의미가 있는지, 심지어 스스로를 파괴할 무서운 도구가 되는 것은 아닌지, 의구심에 사로잡히게 됐습니다. 이 시기 종이로 된 옷을 입고 나오는 등 '말도 안 되는' 행위를 통해 예술의 이성적 기반에 문제를 제기하던 '다다이즘'도 바로 인간의 이성에 대한 깊은 회의와 절망에서 비롯된 것이었습니다.

그러니 제1차 세계대전이 끝난 지 얼마 지나지 않아 또다시 제2

다다이즘

1920년대에 프랑스, 독일, 스위스의 전위적인 미술가와 작가들이 본능, 자발성, 불합리성을 강조하며 기존 체계와 관습적인 예술에 반발한 문화 운동입니다. '다다'(어린이가 갖고 노는 말 머리 장난감)라는 말은 우연히 사전에서 선택된 어휘로, 어린이를 닮고 싶은 욕망이나 인간 충동을 암시합니다. 그림은 테오 반 도에스버그(1883~1931)가 그린 〈작은 다다 야회 포스터(Poster Small Dada Soirée)〉(1922)입니다.

차 세계대전이 일어났을 때 사람들이 느낀 암담함은 얼마나 컸겠습니까. 이제 사람들은 빅토리아 시대의 낭만 같은 것은 깡그리 잊고 오직 이 어둠이 빨리 걷히기만을 바랄 뿐이었습니다. 더 큰 재난에는 더 큰 힘이, 더 위대한 영웅이 필요한 법이지요. 슈퍼히어로는 이런 시대적 배경에서 탄생하게 됐습니다.

20세기 대중문화에서 최초의 슈퍼히어로라고 할 수 있는 슈퍼맨이 탄생한 잡지가 'DC코믹스'[18]에서 나왔다는 점은 여러모로 상징적입니다. 다양한 헐리웃 영화를 통해 우리에게도 익숙해진 이름이지만, 정작 'DC'가 'Detective Comics(탐정만화)'의 약자라는 것은 모르시는 분들이 많더군요. 약자만 들어도 앞서의 내용을 읽으신 분들은 무릎을 치며 '아하!'라고 외치실 것 같습니다.

탐정만화의 이니셜을 따서 만들어진 DC코믹스는 바로 이전 세대의 펄프매거진의 전통을 잇고 있던 대중잡지였습니다. 하지만 이성에 대한 믿음이 사라지고 훨씬 더 험악해진 세상, 말 그대로 초인적 능력이 필요한 시대가 되자 대중이 원하는 판타지를 제공하기 위해, DC코믹스에서도 새로운 시도를 하게 됩니다. 바로 그 첫 번째 결과물이 1938년에 탄생한 슈퍼맨입니다.

당시 이런 펄프매거진의 가장 중요한 독자군은 전쟁에 동원된 군인들이었다고 합니다. 쉴 새 없이 전투가 이어지는 열악한 상황에서 잠시 짬이 날 경우 군인들은 어떤 휴식수단을 찾게 될까요. 요즘처럼 엠피스리(mp3) 플레이어나 스마트폰이 있는 것도 아니고, 그렇다고 흐름이 길고 상상력을 더 많이 동원해야 하는 텍스트로 구성된 책들을 읽기도 부담스러웠을 테니(물론 총탄이 빗발치는 상황에서 맨 정신

루트비히 비트겐슈타인
오스트리아 빈 출신의 영국 철학자입니다. 맨체스터대학에서 항공공학을 공부하다가 케임브리지대학의 버틀란트 러셀 아래에서 수리논리학을 연구하게 됩니다. 1914년 제1차 세계대전 발발 시 자원입대해 처음에는 오스트리아 육군의 사병으로, 2년 후엔 장교로 복무했습니다. 1918년 8월 이탈리아 군의 포로가 되어 1년 동안 포로수용소에 수감되면서 주저인 『논리철학논고』를 집필합니다.

에 읽어도 잘 이해가 되지 않는 책을 집필한 비트겐슈타인 같은 철학의 거장이 없는 것도 아닙니다만), 쉽게 집어 들어 금세 집중하고 즐길 만한 짧은 만화들이 선호된 것은 당연하다고 할 것입니다. 여기에 초인적인 능력으로 온갖 악당들을 쳐부수는 슈퍼맨의 모습은 군인들이 스스로를 투영시켜 상상해보기에도 즐겁고 통쾌한 스토리였겠죠.

　이후 슈퍼맨은 군인들은 물론 미국 전역에서 큰 성공을 거두게 됩니다. 이에 고무된 DC코믹스의 설립자이자 슈퍼맨의 저작권 소유자인 빈 설리번(Vin Sullivan)은 1년 후인 1939년, 새로운 시리즈의 제작에 착수하게 됩니다. 아무래도 슈퍼맨에 바로 뒤이어 만들어지는 캐릭터인 만큼 슈퍼맨과 여러모로 차별성을 두기 위해 노력합니다. 슈퍼맨은 근육질 몸매에 초능력을 지닌 외계인으로, 평소엔 초라한 행색을 하고 있지만 변신하고 나면 밝은 원색의 옷을 입고 가면도 쓰지

배트맨과 슈퍼맨

않은 당당한 모습으로 양손을 허리에 올리고 호쾌하게 웃는 모습이 트레이드마크였습니다.

하지만 이와 정반대로 설정을 하다 보니, 새로운 캐릭터는 초능력을 지니고 있지는 않지만, 오히려 평소엔 돈 많은 미남으로 세간의 주목을 받는 입장이고, 변신을 하고 나서는 그 얼굴을 가리기 위해 가면을 쓰고, 슈퍼맨과는 반대로 검은색과 회색 계열의 어두운 옷과 망토를 두르게 됩니다. 초기에 이 두 번째 캐릭터의 이름은 새와 같은 날개를 가졌다고 해서 '버드맨'이었는데, 설정이 이렇게 반대로 가다 보니 전체적으로 색이 우중충해져서 도저히 평범한 새라고는 할 수 없는 상황이 되어버립니다. 온통 검은색의 망토를 몸에 두르고 있는 새, 결국 새로운 캐릭터의 이름은 '배트맨'으로 결정됩니다. 이때까지만 해도 이렇게 대충 정해진 설정이 후대에 엄청난 문화적 해석의 대상으로 확장되리란 것은 배트맨의 창조자들조차 결코 예상할 수 없었습니다.

배트맨과 조커,
빛과 어둠의 역전 현상

단순히 슈퍼맨의 반대로 캐릭터를 설정하고 나니, 스토리를 전개시키기에 가장 곤란한 점은 배트맨이 기본적으로는 '평범한 인간'이라는 점이었습니다. 슈퍼맨은 하늘도 날고 한 손으로 자동차도 들어 올리고 입김으로 화재도 진압할 수 있는, 말 그대로 '대단한' 존재였습니다. 어떤 식으로 스토리가 전개돼도 독자들의 흥미를 자극할 만한 장면들을 만들어낼 수 있었지요. 하지만 배트맨은 보통 인간이었으니 멋진 가면과 망토를 둘렀을 뿐 뭔가 대단한 능력을 보이기는 어려웠던 것입니다.

이에 제작진이 선택한 방향은 바로 이전 세대의 전통을 답습하는 것이었습니다. 즉, 배트맨은 더 날카로운 추론과 증거를 통해 범죄자를 추리해내고 이들을 체포하는, 탐정에 가까운 능력이 크게 강화된 슈퍼히어로로 묘사됩니다. 물론 그 과정에서 완력도 훨씬 세고 건물에 숨어들고 증거를 확보하는 능력도 대단한 것으로 표현됩니다. 하지만 기본적으로 그의 능력은 인간의 범위를 넘지 않았고, 그래서 '이성적이고 논리적이며 냉정한 사고'의 소유자로서 배트맨의 성격이 도드라지게 됩니다.

당대의 독자들도 이전 세대 펄프매거진의 전통을 이어나가는 슈퍼히어로의 등장을 크게 환영했다고 합니다. 아무래도 익숙한 스토리 라인이니 더 쉽게 친숙해질 수 있었던 것이겠지요. 재미있는 것은 수십 년간 만화의 연재가 계속되면서 배트맨이 상속 받은 엄청난 재산을 바탕으로 각종 비밀무기를 만들어내는 이른바 '자본가적 능력'이 점차 크게 부각된다는 점입니다. 이런 자본집약적인 비밀무기를 통한 초인적 능력은 배트맨 이후 등장한 새로운 세대의 슈퍼히어로 영화인 007시리즈에서도 특수 자동차와 온갖 비밀무기 등을 통해 반복됩니다. 시대가 요구하고 인정하는 능력이 완력이나 초능력에서 '자본'의 형태로 바뀌는 것입니다.

자, 이제 문제는 스토리가 이렇게 흘러가다 보니 배트맨은 다른 어떤 슈퍼히어로들보다 훨씬 더 경직된 모습을 보일 수밖에 없는 한계가 자연스럽게 설정됐다는 점입니다. 배트맨은 근대적 합리성과 논리를 체현하는 존재로서 절대로 흥분하거나 감정에 사로잡히지 않습니다. 아니, 때로 화를 내거나 분노에 주먹을 부르르 떠는 일은 있어도 절대로 어떤 선을 넘어서지 않고 멈추어섭니다. 이런 배트맨의 자기절제를 가장 잘 보여주는 원칙은 아무리 흉악한 악당이라도 절대 죽이지 않는다는 이른바 '불살주의(不殺主義)'입니다. 뒤에서 좀 더 자세히 설명하겠습니다만, 이 원칙은 스스로 설정한 원칙을 지키다 보니 더 큰 희생을 불러온다는 심각한 자기모순의 문제도 수반하게 됩니다.

악당을 체포하기는 하지만 직접 '응징' 혹은 '보복'을 하지 않는다면 어떻게 해야 할까요. 여기서 배트맨의 선택은 둘로 나뉘게 됩니다.

하나는 매우 고전적인 해결책으로 체포한 악당들을 경찰에 넘기는 것으로 마무리하는 것입니다. 즉, 탐정의 역할이 그랬듯이 배트맨은 경찰과 보조·협력하는 관계로서 제도 안의 존재가 되는 것이지요. 다른 슈퍼히어로 만화와는 달리 경찰 캐릭터인 고든 경찰국장이 상당한 비중을 차지하며 거의 매회 등장하는 데는 이런 이유가 있습니다. 이런 경찰과의 협력관계를 통해 배트맨은 '공인된' 심판자이자 질서 유지자로서의 지위를 부여받게 됩니다.

이러다 보니 배트맨은 자신의 틀에 갇혀 옴짝달싹하지 못하는 답답한 상황에 빠지곤 합니다. 수없이 자신을 죽이려고 했던 악당을 막다른 골목에 몰아놓고도 "넌 나를 죽일 수 없어. 어디 한번 해봐"라는

영화 〈배트맨〉에 등장하는 고든 경찰국장
배트맨의 '불살주의(不殺主義)'를 위해 협력자로 나서는 캐릭터입니다.

비웃음을 감내해야 합니다. 이럴 때 어금니를 깨물며 아무런 행동도 하지 못하는 배트맨의 모습은 답답한 원칙주의자의 한계를 보여줍니다. 나아가 어떤 에피소드에서는 악당을 허공에 매달아놓고 자술서에 사인을 하지 않으면 떨어뜨리겠다고 협박하는 장면이 나옵니다. 그런 강요에 의한 자술서가 무슨 의미가 있겠나 싶지만 배트맨은 기어코 사인을 받아내고 나서 무척 흐뭇한 표정을 짓습니다. 과정이야 어찌 되었든 법적, 제도적 형식만 갖추면 된다는 광기 어린 집착마저 느껴지는 장면입니다.

또 다른 해결책은 질서를 어긴 악당들을 '비정상'으로 낙인찍고 정신병원에 가두는 것입니다. 영화의 배경이 되는 고담 시(市) 외곽에 있는 정신병원인 '아캄 어사일럼(Arkham Asylum)'은 배트맨이 체포한 악당들로 득시글거립니다. 그들은 늘 이 정신병원을 탈출해서 사고를 저지르고 다시 배트맨에게 잡혀 돌아옵니다. 이게 거듭되다 보니 악당들은 아캄 어사일럼에 갇히면서도 여유만만하고, 배트맨 또한 그들이 또 탈출할 것을 그리 의심하는 것 같지 않습니다. 이런 지겨운 반복도 나름의 질서라면 질서이니 배트맨은 번번이 만족스러워 한 것일지도 모르겠습니다만.

주인공이 이렇게 어둡고 메마른 형식적 질서의 현현으로 제시돼버렸으니 그 반대편에 서 있어야 하는 악당은 아이러니하게도 아주 밝고 긍정적인 인물로 등장합니다. 그래야 확실한 대비가 가능해집니다. 그렇게 등장한 악당이 바로 '조커'입니다. 광대의 이미지를 가지고 있는 조커는 늘 장난기 넘치고 밝으며 자신감 넘치는 인물입니다. 늘 자신이 하는 행동에 확신을 가지고 있으며 뭔가 일이 잘 안 되어갈 때도

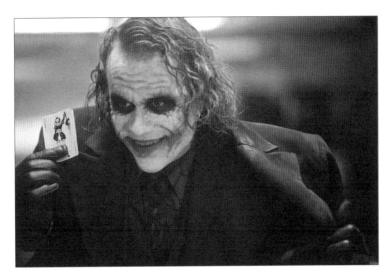

영화 〈배트맨〉에 등장하는 조커

긍정적인 태도로 얼굴에서 웃음기를 지우지 않습니다. 따지고 보면 이쪽이야말로 주인공에 가깝지 않나 생각될 지경입니다.

하지만 이처럼 매우 이상할 것처럼 보이는 조합은 의외로 쉽게 대중들에게 받아들여졌습니다. 왜냐하면 일반인들의 관념 속에서 예측 가능한 질서는 뻔하고 지겨울지라도 안전하다고 받아들여지는 반면, 예측이 어려운 혼돈은 일탈의 재미가 있을지는 몰라도 그보다 훨씬 커다란 불안과 공포를 가져오는 대상이기 때문입니다.

조커는 그 자체로 혼돈을 표상합니다. 카드게임에서 조커카드는 어떤 카드로도 바뀌어 사용될 수 있지만, 그 자체로는 어떤 정체성도 갖고 있지 않은 불확실함의 상징입니다. 조커카드에 그려진 광대는 또 어떤가요. 광대는 어떤 경우에도, 그러니까 절대로 웃을 수 없는 심각한 상황이나 슬픈 장면에서도 사람들을 웃기는 것을 직업으로 삼는 사람입니다. 광대의 이런 행동들은 어렵고 힘든 상황적 맥락에서 일탈하도록 돕는다는 점에서 가치를 인정받기도 하지만, 반대로 이런 '맥락 없음'이 광기로 치부되어 백안시되거나 심지어 권력자의 심기를 거스를 경우 죽임을 당하는 일조차 흔했다고 합니다.

배트맨에게는 삶의 모든 장면이 거무죽죽한 무채색의 황량하고 쓸쓸한 폐허인 반면, 조커에게는 매일매일이 오색찬란하고 시끌벅적한 축제의 연속입니다. 여러분은 어떤 삶을 원하시나요. 역시 삶은 축제라야 할 것 같다고요? 하지만 잊지 마시기 바랍니다. 다시 한 번 말씀드리지만, 슈퍼히어로는 배트맨이고 조커는 어디까지나 배제되어야 할 악당일 뿐입니다. 우리는 화려한 혼돈 속에서 사는 공포보다는 뻔하고 갑갑한 질서를 언제나 선호하고 있는 것입니다.

배트맨의
딜레마

그럼 우리가 선택한 질서의 내면으로 더 깊이 들어가 보도록 합시다. 앞서 배트맨의 불살주의는 경찰과의 협력을 통해 '제도의 안'에 존재하려는 배트맨의 의지가 만들어낸 원칙이라는 점을 말씀드렸습니다. 배트맨을 비롯한 슈퍼히어로들이 정의의 사도가 될 수 있는 것도 이런 기존의 질서를 존중하고 유지하는 지극히 보수적인 입장에 서 있기 때문입니다. 하지만 과연 이들의 활동은 기존의 질서 입장에서 반길 만한 것일까요.

배트맨이 경찰의 활동을 돕긴 하지만, 그 자신은 경찰이 될 수 없다는 근본적인 한계를 가지고 있습니다. 즉, 아무리 옳은 일을 엄청난 능력과 자금을 동원하여 하더라도 그 자신은 민간인 혹은 '자경단 (Vigilant)'[19]의 역할에 머무를 수밖에 없는 것입니다.

아침마다 혼잡한 지역의 교통정리를 돕는 모범운전자 아저씨들이 아무리 열심히 오랜 시간 일을 하시더라도 교통경찰이 될 수는 없습니다. 만약 그분들이 경찰과 비슷한 옷을 입고 호루라기를 불며 자동차의 흐름을 조절하는 역할에 머무르지 않고, 신호를 위반한 사람을 단속하고 벌금을 부과하거나 심지어 체포하고 처벌하는 일까지 하려 든다면, 당연히 '진짜' 경찰들은 신호를 위반한 사람에 앞서 이 '분수를 모르는' 모범운전자를 먼저 체포하려 할 것입니다. 강제력, 공권력은 국가에 의해 독점되어야 하는 것이 국가 내 권력관계의 근간이라고 할 수 있는데 이들은 그 행위의 결과와 상관없이 이러한 근본적 질서에 도전한다는 점에서 사회적으로 훨씬 위험한 존재이기 때문입니다.

이렇게 사회구성원 개인이 스스로의 힘으로 물리력을 행사하여 문제를 해결하거나 복수를 하는 등의 행위를 '자력구제'[20]라고 합니다. 자력구제가 공식적으로 허용될 경우, 힘이 약한 사회구성원들이 일방적으로 피해를 당하는 약육강식의 상태에 빠질 수 있고, 근본적으로는 공적 정의의 판단과 구현과정을 독점하는 방식으로 성립하는 국가공동체의 기본원칙을 무너뜨릴 수 있다는 점에서 대부분의 국가는 이를 엄격하게 제한하고 있습니다.

즉, 배트맨은 질서를 지키기 위해 싸우지만, 그 결과 자신이 지키고자 하는 바로 그 질서를 위배하는 모순에 빠지게 되는 것입니다. 그래서 배트맨 에피소드 중 초기의 것들에서는 배트맨과 경찰이 적극적으로 협력하고 서로를 존중하는 모습이 나타나기도 하지만, 배트맨이 탐정소설의 전통에서 벗어나 그 힘이 거대해지는, 말 그대로 슈퍼히어로의 면모를 보이게 되면, 배트맨을 사회의 위협으로 간주하거나 심지어 시장을 비롯한 정치인들이나 경찰들이 악당보다 먼저 배트맨을 체포·제압하기 위해 노력하는 모습이 나타나기도 합니다. 제도를 부정하는 악당들로부터는 물론이거니와 제도 그 자체로부터도 부정 당하는 '끼인 존재', 의도된 설정은 아니었다지만 이제 배트맨은 진정 새도 동물도 아닌 '박쥐'[21]와 같은 존재가 돼버리는 것입니다.

이런 모순이 어디에서부터 비롯했는지 다시 한 번 세세히 살펴보 도록 합시다. 배트맨이 되는 재벌가의 후계자 브루스 웨인은 애초에 왜 이런 험한 일을 시작한 것일까요.

만화에 묘사된 바에 따르면, 그가 어릴 적 겪었던 끔찍한 경험이 이 모든 일의 시작이었다고 합니다. 다정한 부모님과 행복한 가정환 경에서 자라나던 브루스 웨인은 부모님과 극장에 갔다가 오는 길에 강도를 만나게 됩니다. 흉악한 권총강도는 브루스 웨인의 눈앞에서 그의 아버지와 어머니를 모두 끔찍하게 살해했고, 어린아이였던 브루

소설 『몽테크리스토 백작』의 표지와 영화 〈모범시민〉의 포스터

스는 이런 비극적 상황을 그저 무기력하게 지켜볼 수밖에 없었습니다. 심각한 충격을 받은 그가 복수를 다짐하고, 이를 위해 힘을 길러가는 과정은 쉽게 상상할 수 있을 것입니다.

뒤마의 소설 『몽테크리스토 백작』에서부터 아내의 복수를 위해 직접 악당들을 처치하는 헐리웃 영화 〈모범시민〉에 이르기까지 유구한 자력구제의 전통을 보여주는 작품들은 많습니다. 배트맨이 이들과 남다른 차별성을 지니는 부분은 브루스 웨인이 개인적 복수에서 머무르지 않고, 이를 "고담 시의 정의를 바로 세우겠다"는 아버지와의 약속을 통해 사회적 정의의 차원으로 확장시킨다는 점입니다.

사실 이는 슈퍼히어로의 기본조건이기도 합니다. 만약 개인적 복수를 멋지게 하는 것으로 끝나는 것이라면, 다른 사람들의 입장에서 히어로라고 부를 이유는 없는 것이기 때문입니다. 즉, 히어로에는 이미 사회적 차원이 개입되어 있습니다. 슈퍼히어로들은 늘 개인적 동기를 사회적 기제로 확장시키는 과정을 거치게 된다는 의미지요. 스파이더맨 역시 자신이 붙잡을 수 있었지만 귀찮아서 모른 척했던 악당이 어려서부터 자신을 키워준 삼촌을 죽이는 일이 벌어지자 자책감에 휩싸여 "악을 모른 척하지 않겠다"는 삼촌과의 약속을 내세우며 자신과 직접적인 관계가 없는 범죄자들까지 체포하는 것을 자신의 의무로 설정하게 됩니다.

문제는 바로 이 지점에서 발생하게 됩니다. '개인적 정의'는 '사회적 정의'로 곧장 확장될 수 있는 연속선상에 있는 것일까요. 내가 옳다고 믿는 것을 구현하는 것은 사회적으로도 옳은 일이 될 수 있을까요. 반대로 사회적으로 옳다고 여겨지는 선택이 늘 개인에게도 옳은 선택으로 받아들여질 수 있을까요. 이는 도덕철학에서 가장 심각한 논쟁거리 중 하나인 '공리주의'의 문제와 연결됩니다.

개인적 정의와
사회적 정의의 괴리
—트롤리학의 문제

인문학 서적으로는 보기 드물게 대형 베스트셀러가 된 마이클 샌델의 『정의란 무엇인가』에는 정의의 문제를 여러 각도에서 생각해보도록 하는 딜레마들이 많이 소개되어 있습니다. 그 가운데 '철로를 이탈한 전차'라는 딜레마가 있습니다.

만약 여러분이 시속 100킬로미터로 달리는, 브레이크가 고장 난 전차의 기관사라고 가정해봅시다. 바로 앞의 철로에는 다섯 명의 인부가 있고 기차를 돌릴 수 있는 비상선로에는 한 명의 인부가 있다면 여러분은 어떤 선택을 하시겠습니까. 아마 대부분의 사람들은 어차피 누군가 죽어야 할 상황이라면 다섯 명이 죽는 것보다는 한 명이 죽는 것이 나으니 당연히 기차를 돌려야 한다고 답하실 것입니다. '최대 다수의 최대 행복'을 우선으로 생각하는 이런 관점을 공리주의라고 볼 수 있습니다. 대부분의 사회적 정책들은 이런 공리주의적 관점에서 판단되고 실행되게 됩니다.

하지만 이런 공리주의적 관점은 매우 쉽게 개인에 대한 폭력을 수

반할 수 있다는 점에서 위험성을 지니고 있습니다. 만약 위의 사례에서 비상선로 따위가 없는 절박한 상황인데 플랫폼에서 구경하고 있던 아주 뚱뚱한 사람이 있어서 이 사람을 선로 위로 밀어서 떨어뜨릴 때 기차가 멈출 수 있다면 또 어떻게 될까요. '다섯 명 대신 한 명'이 옳은 선택이라면, 이 경우에도 플랫폼에 서 있던 사람들은 가차 없이 이 뚱뚱한 사람을 발로 차고 떠밀어서 선로에 던져 죽음에 이르게 하지 않겠습니까.

사실 이 딜레마는 샌델이 만들어낸 것이 아니라 필립파 푸트 (Philippa Foot)가 소개하여 유명해진 '트롤리 문제'라고 불리는 도덕 철학 상의 딜레마입니다. 원래는 공리주의와 의무론의 대립을 설명하기 위해 만들어진 이 딜레마는 여러 가지 변형이 만들어지면서 수많은 논의를 불러일으켰습니다. 심지어 '트롤리학(trolleylogy)'라는 분야가 등장했을 정도죠. 실제로 마르크 하우저(Marc Hauser) 등이 2003년 9월부터 2004년 1월까지 세계 120개 국가의 5천 명을 대상으로 설문조사를 한 자료에 의하면, 응답자의 89퍼센트가 비상선로로 방향을 돌려 한 명을 죽게 해야 한다고 답했고, 2011년 타마라 젠들러(Tamar Gendler)가 실시한 또 다른 조사에서도 90퍼센트 이상의 사람들이 비상선로로 돌리는 쪽을 선택했다고 합니다. 우리 중 대다수가 이렇게 지독한 공리주의자들이라는 사실을 보여주는 수치가 아닐까 합니다.

하지만 지금 우리가 화제로 삼은 배트맨의 사례에 좀 더 들어맞는 이야기는 공상과학 소설가인 어슐라 르 귄(Ursula K. Le Guin)이 쓴 『오멜라스를 떠나는 사람들』이 아닌가 합니다. 모두가 평등하고 모두가 행복한 도시인 오멜라스의 수많은 사람들이 행복을 누리기 위한 유일한 조건은 방 안에 갇혀 있는 한 아이가 지독하게 불행해지는 것입니다. 즉, 그 한 명의 아이가 불행해지면 불행해질수록 도시의 다른 모든 사람들은 행복을 누릴 수 있고, 반대로 그 아이가 조금이라도 행복해진다면 다른 모두가 불행을 감내해야 합니다.

이럴 때 여러분은 어떤 선택을 하시겠습니까. 적어도 공리주의적 원칙에만 충실하자면 우린 당연히 그 한 아이를 최대한 불행하게 만들어야 할 것입니다. 왜냐면 다수가 누리는 행복의 합이 한 아이의 불행보다 더 크기 때문입니다.

하지만 그런 단순한 산수를 알면서도 우린 선뜻 그런 선택을 하기 힘듭니다. 이유는 크게 두 가지일 것입니다. 하나는 그게 도덕적으로 '옳지 않은' 일이라는 생각이 들어 꺼려지기 때문일 것이고, 다른 하나는 그 한 아이가 바로 내가 될 수도 있다는 생각 때문일 겁니다. 앞서의 트롤리 사례에서도 선로를 바꾸는 것에는 90퍼센트 가까이 동의했었지만, 뚱뚱한 사람을 떠밀어서 다섯 명을 구하는 선택에 대해서는 반대로 90퍼센트가 반대했다고 합니다. 생각해보면 참 모순된 선택인데, 아무래도 더 직접적이고 노골적인 희생에 거부감을 느끼는 것은 '다수를 위해 누군가 희생되는 것은 어쩔 수 없다'는 마음과 '하지만 그 누군가가 나는 아니어야 한다'는 자기보호 본능이 충돌을 일으켜 만들어낸 결과가 아닌가 합니다.

슈퍼히어로는 바로 이 지점에서 대중의 열광을 불러일으킵니다. 내가 무언가 힘들고 위험한 상황에 놓여 있을 때 어디선가 불쑥 나타나 악당을 물리치고 나를 구해주는 슈퍼히어로의 이미지는 사회제도의 뜨뜻미지근한 보호와 확연한 대비를 이룹니다. 슈퍼히어로는 내게서 멀리 있으면서 그 작동방식이 명확하지도 즉각적이지도 않은 '제도'를 대체하는, 개인적이고 즉각적이며 효율적인 정의를 구현하는 존재입니다.

더구나 사회적 정의의 원칙인 공리주의가 기본적으로 다수의 이익을 위해 나를 배제하거나 심지어 희생시킬 가능성을 내포하고 있는 것이라면, 당연히 슈퍼히어로는 제도적 정의보다 훨씬 매력적인 존재가 될 수밖에 없을 것입니다. 재난 상황에서 모두 나를 버리고 어딘가 안전한 곳으로 달아나버릴 때, 상처 입고 뒤처져 신음하는 여자나 어린이를 양 옆구리에 끼고 구출하는 슈퍼히어로의 모습은 바로 이런 '개인적 정의'를 실현시켜주는 영웅의 상징과도 같은 것입니다.

이런 개인적 정의를 연속적으로 누적시켜 '사회적 정의'의 표상

또 하나의 슈퍼히어로 캐릭터인 스파이더맨

으로 확장하려는 것이 바로 슈퍼히어로와 배트맨의 전략입니다. 바로 여기서 모순이 발생합니다. 앞서 트롤리의 문제에서 말씀드린 바와 같이 다섯 명을 살릴 것인가 한 명을 살릴 것인가의 선택 사이에는 건너기 힘든 강이 흐르고 있습니다. "어느 한 생명도 소중하지 않은 것이 없다"는 판단을 누적시켜 다섯 명을 모두 구할 방법도 없고, "다수에게 이익이 되는 선택이 옳은 것이다"라는 기준을 가지고 건너편 선로의 한 명을 구할 방법 또한 없는 것입니다. 배트맨의 딜레마는 곧 이 두 가지의 '옳음' 사이에 끼인 영웅의 고뇌라고 할 수 있습니다.

중요한 것은 질서가 옳음을 전제로 한 개념이라는 점입니다. 누구나 인정할 수 있는 올바른 상태가 존재한다는 전제 위에서 비로소 그런 옳음을 구현하기 위한 체계로서의 질서와 옳음을 흐트러뜨리는 문제 상황으로서의 혼돈이 구분될 수 있습니다. 하지만 무엇이 옳음인지 명확히 말할 수 없다면, 개인적 정의와 사회적 정의 사이에 괴리가 존재한다면, 우리는 무엇이 질서이고 무엇이 혼돈이라고 말할 수 있을까요. 배트맨이 지키고자 하는 고담 시의 질서는 도대체 뭘 의미하는 걸까요.

가면 속의
배트맨

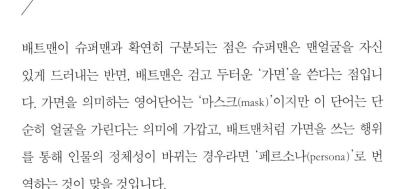

배트맨이 슈퍼맨과 확연히 구분되는 점은 슈퍼맨은 맨얼굴을 자신 있게 드러내는 반면, 배트맨은 검고 두터운 '가면'을 쓴다는 점입니다. 가면을 의미하는 영어단어는 '마스크(mask)'이지만 이 단어는 단순히 얼굴을 가린다는 의미에 가깝고, 배트맨처럼 가면을 쓰는 행위를 통해 인물의 정체성이 바뀌는 경우라면 '페르소나(persona)'로 번역하는 것이 맞을 것입니다.

페르소나는 고대 그리스의 연극 무대에서 배역들이 썼던 가면을 지칭하는 라틴어입니다. 가면을 쓰는 행위를 통해 주체의 성격이 바뀐다는 점에서 현대 영어에서는 법인격을 포함한 역할과 행위의 주체인 '인격'이라는 의미로 'person'이라는 단어로 파생되기도 했습니다.

여기서 가면으로서 '페르소나'는 단순한 인격이라기보다는 내가 선택하고 만들어내는 것이 가능한 정체성이라는 의미로 확장되게 됩니다. 예를 들어 영화감독들은 종종 특정 배우와 여러 작품을 함께하면서 자기 분신이자 자신만의 영화세계를 표현하는 대리인으로서 그

가면

일명 '아가멤논의 가면'이라 불리는 금장 마스크입니다. 1876년 그리스 미케네에서 고고학자인 하인리히 슐레이만에 의해 발굴됐습니다. 아테네 국립고고학박물관에 소장되어 있습니다.

배우를 내세우는 경우가 있습니다. 마틴 스콜세지 감독은 로버트 드니로와, 중국의 오우삼 감독은 배우 주윤발과 오랫동안 함께 작업했는데, 마틴 스콜세지에게 로버트 드 니로는 미국 뒷골목을 떠도는 이탈리아계 미국인의 페르소나였고, 오우삼에게 주윤발은 의리와 협객정신으로 무장한 비장한 영웅의 페르소나였던 셈입니다.

우리나라에도 이와 비슷한 것으로 '탈'이 있습니다. 안동 하회탈춤 같은 전통문화가 대표적인 사례라고 할 수 있겠죠. 하회탈춤에는 말뚝이, 양반, 부네(과부) 등 다양한 캐릭터들이 등장합니다. 그런데 여기 등장하는 캐릭터들은 모두 탈을 쓰고 있습니다. 여기서 탈을 쓴

하회탈

경북 안동시 풍산면 하회마을에서 만들어져 내려오는 목조탈로, 2개의 병산탈과 함께 국보 제121호로 지정되어 있습니다. 고려 중기에 처음 만들어진 것으로 추정되며, 주재료로 오리나무가 많이 쓰였고 옻칠을 해 정교한 색을 냈습니다. 해학적 조형미가 잘 나타나 미적 가치가 높은 것이 특징입니다.

다는 행위는 어떤 의미를 갖는 것일까요.

가장 먼저 생각할 수 있는 것은 '정체성의 선택'입니다. '변신'이라고 말할 수도 있겠네요. 살아가면서 우리는 꾸준히 자신의 정체성을 쌓아올립니다. 누군가의 아들이고 어떤 아이들의 아버지이며 어느 회사의 과장이고 어딘가에 살고 있는 사람, 그게 나입니다. 나는 무수한 관계망들이 중첩되는 지점에 존재하는 좌표이며, 따라서 나의 정체성은 외부에 보이는, 외부로부터 규정되는 어떤 시선에 따라 확정됩니다. 그러니 내가 지금과 다른 정체성을 추구한다는 것은 타인에게도 나에게도 커다란 혼란을 초래하게 됩니다. 더구나 우리나라처럼 관계망이 매우 촘촘한 사회에서 정체성을 변화시킨다는 것은 단순한 혼란이 아니라 존재의 위기로까지 확장될 수 있는 심각한 문제이지요.

하지만 탈을 쓰는 순간 나는 내가 아닌 다른 어떤 존재가 될 수 있습니다. 그건 관계로부터 '주어진' 정체성이 아니라 내가 '선택한' 정체성이지요. 얼마나 신나는 일입니까. 하루하루 매여서 살아가는 사람들에게 아마 이건 하늘을 나는 능력을 얻는 것보다 더 큰 판타지일 것입니다.

더구나 탈을 쓴 나는 외부의 시선을 통해 '전형성'을 획득할 수도 있습니다. 내가 아무런 말이나 행동도 하고 있지 않아도 광대의 탈을 쓴 순간 사람들은 내가 우스운 행동을 할 거라고, 장난치고 까불고 우스꽝스러운 몸짓을 할 거라고 기대하고, 또 그렇게 행동하는 것을 당연하게 받아들입니다. 탈이 아니었더라면 나를 이해시키고 알리는 데 많은 시간이 소비되고, 그러고 나서도 사람에 따라 각기 다르게 받아들였을 나의 정체성을, 탈을 쓰는 순간 매우 전형적인 형태로 전달할 수 있게 된 것이지요.

보다 중요한 것은 탈을 씀으로서 '본래의 나'는 안전해진다는 것입니다. 즉, 내가 탈을 쓰고 하는 행동은 본래의 내가 하는 행동이 아니라 탈이 '표상하는 캐릭터'가 하는 행위가 됩니다.

하회탈춤에서 여섯째 마당은 양반의 위선과 관리들의 부정부패, 승려의 탈선 등 당시 지배계층의 문제를 노골적으로 드러내고, 그 추한 모습을 비웃는 내용으로 되어 있습니다. 하회탈춤이 기본적으로 마을 전체의 행사였으니 당연히 이 장면을 지켜보는 사람들 중에는 풍자의 대상이 된 사람들이 있었겠지요. 하지만 탈춤에서 벌어지는 내용에 대해 문제를 삼거나 처벌을 하는 일은 없었다고 합니다. 그것은 탈을 쓴 사람, 자연인으로서 누군가가 한 행동이 아니라, 탈춤놀이상에서 어떤 역할을 수행한 것일 뿐이라고 보기 때문입니다. 단지 탈을 쓰는 것만으로 내 행동의 모든 책임이 탈에게 집중되고 전가되는, 매우 이상하고 신비롭기까지 한 현상이 아닐 수 없습니다.

이런 메타포를 가장 잘 보여주는 영화가 짐 캐리의 코미디 영화인 〈마스크〉입니다. 자신 없고 소심한 주인공이 우연히 고대의 마스크를 얻게 되는데, 이 마스크에는 마법이 걸려 있어서 이걸 쓰는 순간 주인공은 아주 요란해지면서 갑자기 욕망에 솔직하고 장난기가 넘쳐나 주변에 엄청난 민폐를 주는 캐릭터로 바뀌게 됩니다. 그 탓에 온갖 범죄가 벌어지고 사람들이 피해를 입지만, 모든 원인은 그 마스크로 집

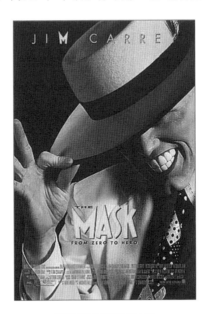

영화 〈마스크〉의 포스터

브루스 웨인과 배트맨

약되기 때문에 주변 사람들은 주인공에게 별다른 책임을 묻지 않습니다. 뿐만 아니라 심지어 그를 피해자로 보고 동정하기도 합니다.

하지만 과연 그럴까요. 만약 그 탈의 역할이 내면에 감추고 있던 욕망을 솔직하게 드러내거나 조금 더 과장하는 것이었다면, 과연 그 사람에게 책임이 없다고 할 수 있을까요.

여기서 중요한 포인트가 하나 더 등장합니다. 즉, 탈을 쓰고 하는 행동이 용인되는 까닭은 외부의 사람들이 정말로 탈을 쓰면 다른 존재가 된다고 믿어서가 아니라, 그렇게 생각하자고 '약속'했기 때문이라는 점입니다. 탈을 쓴 사람의 안전은 사람들의 실제적인 믿음이 아니라 묵시적 합의에 의해 임의적으로 보장되고 있는 셈입니다.

좀 복잡하지만 순서를 그려보자면, '본래의 나 → 탈을 씀으로서 다른 존재가 됐다고 생각하는 나→탈을 보면서 탈이 표상하는 어떤 존재를 상상하는 사람들→그러나 여전히 탈 속에는 본래의 누군가가 있다는 것을 알지만 모른 척 하기로 하는 사람들'의 복잡한 정체성의 역전관계를 통해 탈의 기능은 가능해집니다.

다시 배트맨의 가면 이야기로 돌아와 볼까요. 한번 상상해보세요. 영화 〈배트맨〉의 주인공인 브루스 웨인은 자신의 '진짜 정체성'을 뭐라고 생각했을까요. 먼저 드는 생각은 "당연히 브루스 웨인이 본 모습이지. 그게 그의 이름이고 성장과정이고 지금의 그의 사회적 위치니까"라는 대답입니다.

하지만 조금 더 생각해보면, 〈배트맨〉의 내용상 실은 브루스 웨인이 배트맨이라는 진면목을 감추기 위해 가면의 역할을 한다는 것을 알 수 있습니다. 조금 더 풀어서 생각해볼까요. 브루스 웨인이 가장 중요하게 생각하는 삶의 가치는 부모님의 복수를 하는 것, 그 약속을 지키기 위해 고담 시의 정의와 질서를 바로 세우는 것입니다. 이를 위해 그는 자신이 가진 모든 재산과 사회적 지위를 아낌없이 활용합니다. 나아가 브루스 웨인이 재벌가의 젊은 상속자로서 자신을 화려한 플레이보이로 보이게 만드는 것도 세간에서 설마 저런 쾌락주의적인 신사가 배트맨일 리 없다고 믿도록 만들기 위해서입니다. 이렇게 보면 오히려 그가 생각하는 자신의 진짜 정체성은 배트맨이고, 브루스 웨인이야말로 배트맨을 지키기 위한 목적으로 만들어낸 캐릭터, 즉 배트맨이라는 가면 위에 덧씌워진 가면일 수 있습니다.

하지만 한 발 더 나가면 문제는 더욱 복잡해집니다. 그럼 그는 왜 굳이 가면을 쓰는 것일까요. 왜 복잡하고 어렵게 두 개의 정체성을 동

영화 〈아이언맨〉의 스틸 커트

시에 유지하려고 에너지를 소비하는 것일까요.

브루스 웨인이라는 정체성이 배트맨의 역할을 더 효과적으로 수행하도록 돕는다는 목적적인 설명도 가능하겠지만, 비슷한 슈퍼히어로인 홍길동은 늘 홍길동일 뿐이며, 비슷한 재벌 출신인 토니 스타크는 자신이 아이언맨이라는 비밀을 만천하에 드러내어도 별다른 문제가 발생하는 것 같진 않습니다. 이렇게 생각해보면 브루스 웨인이 그냥 자신이 배트맨이라고 밝히거나 브루스 웨인의 정체성은 지워버린채 배트맨으로만 살아가는 것이 더 편하고 효율적일 것 같지 않은가요. 시간과 노력도 훨씬 배트맨 쪽에 쏟을 수 있을 테고요.

어쩌면 브루스 웨인은 양반탈을 쓰고 양반을 비꼬면서 "탈을 쓰고 하는 것이니 괜찮겠지"라고 안도하는 탈춤꾼처럼, 배트맨이라는 가면을 씀으로서 오히려 브루스 웨인이라는 정체성을 보호하려는 것은 아닐까요. 그 자신은 배트맨이라는 정체성을 선택했다고 생각하지만, 실은 두 가지 중 어느 하나도 포기하지 못했거나 심지어 자신의 본모습이 어떤 것인지 스스로도 잘 모르고 있는 것 같지 않은가요.

어찌 보면 배트맨이 검은 가면을 쓰는 순간 우리가 목격하게 되는 것은 질서정연한 정체성의 전환, 즉 '변신'이 아니라 그의 '분열', 다시 말해 스스로 어쩌지 못하는 지독하게 검은 혼돈일 수 있습니다.

박쥐,
정상과 비정상의 경계에서

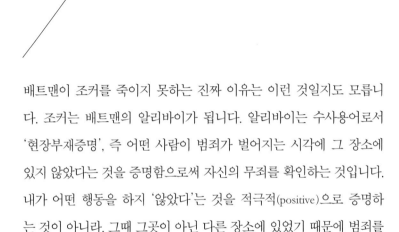

배트맨이 조커를 죽이지 못하는 진짜 이유는 이런 것일지도 모릅니다. 조커는 배트맨의 알리바이가 됩니다. 알리바이는 수사용어로서 '현장부재증명', 즉 어떤 사람이 범죄가 벌어지는 시각에 그 장소에 있지 않았다는 것을 증명함으로써 자신의 무죄를 확인하는 것입니다. 내가 어떤 행동을 하지 '않았다'는 것을 적극적(positive)으로 증명하는 것이 아니라, 그때 그곳이 아닌 다른 장소에 있었기 때문에 범죄를 저지를 수 '없었다'고 증명하는 것이므로 상당히 우회적이고 부정적인(negative) 증명방식이라고 할 수 있습니다.

배트맨은 자신이 누구인지, 무엇을 하는 사람인지, 왜 법을 어겨가면서까지 법을 수호하려는지 스스로 정당화하고 답할 수 없습니다. 여기에 답할 수 있는 부정적인 증거가 바로 조커를 비롯한 악당들의 존재입니다. 누구나 쉽게 동의할 수 있는 나쁜 놈들이 있기 때문에, 반대로 이들과 대립하는 영웅이 존재할 수 있는 것입니다. 악당, 그것도 조커와 같은 대악당이 없다면, 배트맨처럼 철지난 검정 고무가면에 망토를 두르고 다니는 사람은 단순한 정신병자에 지나지 않겠지요.

'정신병자'라는 표현을 썼네요. 재미있는 것은 배트맨이 악당들을 가두는 곳이 감옥이 아니라 '정신병원'이라는 점입니다. 배트맨은 마치 취미로 기념품을 모으듯이 자신이 잡은 악당들을 정신병원인 아캄 어사일럼에 모두 가둬둡니다. 심지어 때때로 가서 이들을 들여다보기도 합니다. 물끄러미 철창 너머로 갇혀 있는 악당들을 바라보면서 브루스 웨인은 어떤 생각을 할까요. 허세와 위선, 때로는 공포에 젖은 악당들의 표정을 보면서 점잖은 얼굴로 내심 '난 이놈들과는 달라, 난 올바른 일을 했어, 난 정상이야!'라고 외치고 있었던 것은 아닐까요.

질서는 옳음, 올바른 상태에 대한 규정에서부터 시작합니다. 지향되어야 할 올바른 상태가 전제되어야만 이와 부합하거나 적어도 이와 같은 방향으로 나아가고 있는 바람직한 상태로서의 질서가 판단될 수 있겠지요. 이렇게 질서 있는 상태에 놓인 사회나 사람을 '정상'이라고 부를 수 있을 것입니다. 정상을 의미하는 영어단어 'normal'이 규범과 법을 의미하는 희랍어인 '노모스(nomos)'에서 비롯한 것은 당연한 일입니다. 질서와 규칙을 준수하는 상태가 바로 정상이라고 할 수 있는 것이니까요.

그래서 철학자 미셸 푸코는 "한 사람의 정체성은 그가 따르는 규칙을 통해 정립된다"고 말했습니다. 하지만 그 정상이라는 상태를 구체적으로 규정하는 것은 그리 쉬운 일이 아닙니다. 단순히 실정법을 지키는 것만 기준으로 한다 해도 애매한 부분이 있습니다. 더구나 우리는 살아가면서 크고 작은 위법을 저지를 뿐 아니라 심지어 그것이 위법하다는 사실조차 모를 때가 많습니다. 논리적으로 보자면, 모든

미셸 푸코

프랑스 후기구조주의를 대표하는 철학자입니다. 저서인 『광기의 역사』(1961)와 『임상의학의 탄생』(1963)에서 그는 '정상적인 것'과 '비정상적인의 것'의 규정이 그 시대의 사회·문화적 현상 속에서 어떻게 특징지어지는지를 다룹니다. 『감시와 처벌』(1975)에서는 근대사회에서 권력과 권력 기술, 권력 실행의 방식과 전략 그리고 그것들과 지식의 관계를 분석합니다.

법을 지키기 위해서는 먼저 모든 법을 알아야 하는 것이니 당연하다면 당연한 결과일 수 있습니다.

문제는 여기서 더 나아가 우리가 정상을 판별하는 데 훨씬 더 많은 규칙과 기준들이 적용된다는 것입니다. 선배에게 반말을 하거나 선생님께 대들면 안 된다는 예의와 관습의 문제만도 복잡한 일이지만, 가만히 생각하면 어떤 옷을 입고 어떤 신발을 신고 어떻게 말을 하고 시선을 어떻게 처리할 것인지 등 삶의 수많은 영역들에서 나름의 정상의 기준들이 작동하고 있습니다. 이 수많은 기준들에서 벗어나게 되면 쉽사리 "쟤 왜 저래, 미친 거 아냐"라는 반응에 부닥치게 됩니다.

논리적으로만 따지자면, 세상에 똑같은 인간은 없기 때문에 '완벽한 정상'은 지구상 50억 인구 중에 많아봐야 단 한 사람일 것입니다. 나머지는 에베레스트 산처럼 정상분포하는 그래프의 꼭대기에 존재하는 그 '유일한 정상인'의 주변에서 비정상의 골짜기 쪽으로 무한히 수렴되어 가겠죠. 근대 사회를 지배하고 있는 합리주의는 이성과 규범을 핵심적인 가치로 설정하면서 모든 사람들에게 '합리적 인간'이 될 것을 요구하고 있습니다. 더 합리적인 인간은 사회적으로 가치가 있는 인간이고, 덜 합리적인 인간은 쓸모가 없는 인간이기 때문에 합리성을 중심으로 늘어놓은 긴 행렬의 어느 지점을 잘라내어 정상과 비정상을 구분하려는 노력이 필요하게 됩니다.

예컨대 수능시험을 통해 얻은 점수가 커트라인을 넘어서면 대학에 입학해서 공부할 자격이 있는 사람이고, 그에 미달하면 대학교육을 받을 수 없는 사람으로 구분 짓는 것과 비슷하죠. 여기서 수능시험의 평가문제가 정말 중요한 교육적 가치를 지니고 있는가의 문제는 이미 부차적인 것입니다. '선별해야 한다'는 필요가 먼저 존재하고 평가가 그에 뒤따르는 것이기 때문에, 시험문제는 이른바 변별력이라 불리는 '선긋기'가 우선적인 목적이 됩니다. 배제할 사람을 결정하고 그 나머지를 합격시키는 셈이지요.

푸코가 보기에 정상과 비정상의 문제도 이와 비슷합니다. 누가 정상인지 구분하는 문제가 애매하고 심지어 위험한 일이라면, 반대로 누가 비정상인지 가려내 그 나머지 사람들이 "그럼 우리는 정상이구나"라고 안도할 수 있게 된다는 것입니다. 푸코는 『진료소의 역사』라는 책에서 이러한 구분 짓기의 결과 탄생한 것이 정신병원이라고 주장합니다. 악당들을 정신병원에 몰아넣어 자신의 정체성을 확인했던 배트맨의 모습은 푸코의 주장과 정확하게 일치하는 사례라고 할 수 있습니다.

더 어려운 문제는 그럼 어떻게 사람들에게 정상을 유지하도록 강제하고, 규칙을 지키도록 권력을 행사할 것인가의 문제입니다. 푸코는 『감시와 처벌』이라는 책에서 이제는 너무나 유명해진 '판옵티콘(panopticon)'이라는 개념을 제시합니다. 라틴어로 'pan'은 '모두'라는 뜻이고 'opt'는 '보다'라는 의미를 지니고 있으니 '모두 볼 수 있는 감옥' 정도로 풀이할 수 있겠네요.

사실 이 개념은 푸코가 처음 제시한 것이 아니라, 공리주의자이자 법학자였던 제레미 벤담이 가장 효율적인 감옥의 모형으로 제시한 것이었습니다. 소수의 교도관이 다수의 사람들을 감시해야 하는 교도소의 기능을 극대화하기 위해서는 감옥을 원형으로 지어 원의 바깥

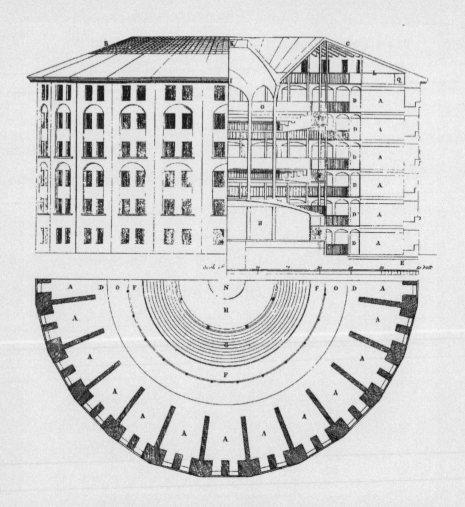

판옵티콘과 서대문형무소
영국의 철학자이자 법학자인 제러미 벤담이 제안한 판옵티콘의 청사진 (1791년, 위)과 그의 실례를 살펴볼 수 있는 서대문형무소 내부(일제시기, 아래)

쪽에 죄수들의 방을 배치하고 교도관은 원의 가운데에 있는 타워에서 한꺼번에 이들을 둘러보고 감시할 수 있게 해야 한다는 것입니다. 실제로 많은 감옥들이 이런 판옵티콘의 형태로 지어지기도 했습니다. 우리나라는 일제강점기에 건설된 서울 서대문형무소에 가면 이런 형태의 수형인 감시시설을 볼 수 있습니다.

푸코는 벤담의 제안이 왜 강력한 효과를 발휘하는지 좀 더 깊이 분석했습니다. 사실 교도관이 원의 가운데에 있더라도 모든 방들을 한꺼번에 다 감시하지는 못할 것이고, 더구나 여러 곳에서 동시에 문제가 발생한다면 이를 통제할 방법도 없을 것입니다.

하지만 교도관이 앉아 있는 원의 중심에 있는 방이 죄수들 쪽으로 아주 작은 구멍만 뚫려 있다면 어떨까요. 죄수들 입장에서는 교도관이 지금 자신을 감시하고 있는지 아닌지 알 수 없는 상태가 될 것입니다. 이러면 죄수들은 당연히 '나를 감시하고 있을 거다'라는 전제하에 행동을 하게 됩니다. 마치 모든 방에 폐쇄회로티브이(CCTV)를 설치해놓으면 관리자가 수백 개의 방을 동시에 볼 수 없다는 것을 알면서도 '지금 혹시 내 모습을 보고 있을지 모른다, 아니 보고 있을 거다'라고 생각하게 되는 것과 마찬가지입니다.

이런 상태로 시간이 흘러가다 보면, 사람들은 관리타워와 폐쇄회로티브이의 존재를 아예 잊어버린 상태에서도 늘 누군가 자신을 지켜보고 있다고 생각하고 행동하게 될 것입니다. '감시의 내면화'가 이루어지는 것이지요. 이제 나를 감시하는 사람이 내 자신이 됐으므로 나는 평생 어디를 가든 감시를 피할 수 없게 됩니다. 나의 행동을 지배하는 가장 강력한 권력은 이런 감시를 통해 탄생하게 됩니다.

이것이 비단 감옥에 갇힌 죄수들만의 문제일까요. 사실 우리 모두가 이런 내면화된 감시에 익숙해진 채 살아가고 있지 않나요. 우리가 하는 말, 행동, 옷차림, 웃음과 슬픔 등은 특정한 상황에서 어떻게 행동하는 것이 정상이라고 스스로 판단하고 통제하는 '자기감시(self monitoring)'의 결과가 아닌가요. 가면을 쓴 배트맨의 분열된 정체성에 혀를 끌끌 차던 우리는 정작 모두가 '사회화된 나'라는 가면을 쓰고, 브루스 웨인처럼 '본래의 나'는 누구인지 혼란스러워하며 살고 있진 않습니까.

저는 이 글의 앞부분에서 배트맨이 질서를, 조커가 혼돈을 표상한다고 말씀드렸습니다. 하지만 어떻습니까. 혼돈과 질서의 의미를 문자 그대로 받아들이자면, 혼란스러운 건 배트맨이고 표리 없이 질서 정연한 건 오히려 조커가 아닌가요. 혼돈 그 자체인 악당 조커가 오히려 흔들림 없이 일관된 캐릭터를 유지하는 반면, 질서의 수호자인 배트맨은 꾸준히 자신의 행동, 정체성에 대해 혼란스러워하고 괴로워하고 있으니 말입니다. 어둠 속에서 빛이 향하는 곳을 응시하고 있는, 질서라는 이름으로 칭칭 동여맨 검은 망토 속의 혼돈, 그것이 바로 배트맨입니다.

더 읽어볼 책

마크 D. 화이트 외 5명 지음, 신희승 옮김, 『배트맨과 철학』, 그린비

흥미로운 소재인 유명한 히어로, 배트맨 이야기를 사례로 삼아 윤리학과 존재론, 논리학 등 철학 분야의 주요 이론들을 알기 쉽게 설명해주고 있는 책입니다. 배트맨이 왜 조커를 죽이지 않느냐 는 누구나 호기심이 일어날 법한 질문부터 시작해서 배트맨의 존재에 대한 근원적인 질문까지, 조금은 복잡한 철학적 문제도 새롭게 풀어내고 있어서 즐겁게 읽을 수 있습니다. 히어로물이 유 독 유행하고 있는 최근, 철학과 연관성을 갖고 읽어보는 것도 좋을 것 같습니다.

어반코믹스 지음, 이규원 외 1명 옮김, 『배트맨 앤솔로지』, 세미콜론

1939년부터 약 75년 간 출간된 만화 배트맨의 역사 중에 스토리 상 중요한 전환점을 제시했거나 화제를 불러 모았던 사례 20편을 연대기별로 모아놓은 책입니다. 해설도 함께 들어가 있기 때문 에 DC코믹스의 세계관을 모르거나 히어로물을 처음 접하는 사람도 쉽게 접근할 수 있는 내용입 니다. 모순과 역설의 히어로, 배트맨에 입문하고 싶으신 분들께 추천 드립니다.

4

공포의
질서

우리는 흔히 "악법도 법이다"라는 말을 하곤 합니다. 대개 마음으로는 동의할 수 없는 결정이 내려졌을 때, 그래도 결정에 따라야 한다는 점을 강조할 때, 사용되는 말입니다. 좀 더 풀어서 하는 말로는 "무법보다는 악법이 낫다"라든가 "무정부 상태보다는 독재가 낫다"라는 식으로 표현되기도 합니다. 결국 정당성이 부족하거나 사람들의 동의가 없는 질서라 해도 질서가 없는 상태, 혼돈보다는 낫다는 뜻입니다. 그런데 이렇게 사람들의 동의가 없는 상태에서 만들어지는 질서는 대개 '공포'라는 방식을 통해 구성되게 됩니다. 악법, 독재가 모두 '폭력'이라는 이미지와 직접 연관되는 것도 이 때문이겠지요. 그렇다면 과연 공포를 통해 질서를 만들어낸다는 것은 가능하긴 한 걸까요. 그런 질서도 정말 질서가 없는 상태보다는 낫다고 할 수 있는 걸까요.

악당들의
회합

마피아 패밀리의 이야기를 다룬 프란시스 코폴라 감독의 영화 〈대부〉는 1, 2, 3편의 시리즈가 모두 크게 성공하면서 명작의 반열에 올라 있습니다. 그 전설의 시작을 알렸던 〈대부 1〉은 이탈리아 이민자들을 중심으로 만들어진 마피아 조직 중 하나인 '콜레오네 패밀리'의 부침의 역사를 다루고 있습니다. 이민자들끼리 서로 돕고 사는 조직인데다 이렇게 가족처럼 서로 돌봐준다고 해서 스스로를 가족이라고 부르며, 그 보스를 대부라고 부르긴 하지만, 콜레오네 패밀리가 하는 일은 기본적으로 불법적인 일들입니다. 사적 복수를 대신해주는 차원에서 청부살인을 하기도 하고, 원하는 사람을 헐리웃 영화의 주연으로 캐스팅되도록 하기 위해 제작자가 아끼는 말의 목을 잘라 침실을 피바다로 만들어 협박하는 등 그 잔혹성은 여느 범죄조직 못지않습니다.

하지만 주로 도박과 매춘 등이 주 수입원이었던 시대에 마약이라는 새로운 수익원이 등장하자 콜레오네 패밀리의 보스인 비토 콜레오네는 "마약은 옳지 않다"며 그 거래를 거부하게 되고, 이로 인해 다

영화 〈대부〉의 스틸 커트

른 패밀리들로부터 보복을 당하게 됩니다. 사실 이 부분이 관객들로 하여금 나름의 정당성을 지니고 있는 콜레오네 패밀리에게 감정이입 하도록 만드는 부분이긴 합니다만, 이미 다양한 불법을 저지르고 있는 마당에 마약만을 거부하는 이유도 모호하고, 그렇다고 콜레오네 패밀리가 '더 옳은' 조직이라고 볼 수 있는가도 의문입니다.

이런 모순적 상황을 가장 극명하게 보여주는 장면은 한바탕 전쟁을 치르고 난 후 각 패밀리의 보스들이 모여서 화해의 회의를 여는 장면입니다. 마약 거래에 찬성하는 다른 패밀리의 보스인 자루치 (Zaruchi)가 테이블에서 일어나 다음과 같은 연설을 합니다.

나도 마약 안 좋아합니다. 그래서 우리 애들에게 마약 거래 대신 인센티브도 줘봤는데 마약으로 쥐는 돈이 더 짭짤하니 안 통하더군요. 그래서 차라리 이걸 제대로 된, 존경받을 만한 사업으로 만들어서 통제하는 편이 낫겠다는 생각을 했습니다.

(탁자를 주먹으로 쾅, 치면서) 하지만 학교 근처에서는 못 팔도록 해야 합니다. 아이들에게 파는 건 안 되죠. 수치스러운 일입니다. 내 구역에서는 오직 나쁜 놈들, 그러니까 유색인종들에게만 팔 겁니다. 그놈들은 짐승이나 마찬가지이니 영혼을 잃어도 괜찮지요.

이 연설을 들은 보스들은 '마약을 유통시키되 통제한다'는 합의를 만들고 보다 세세하게 조직별로 구역까지 나눕니다. 좀 어이없는 내용이긴 합니다만 유색인종에 대한 말도 안 되는 편견을 접어두고 가만히 생각해보면, 수긍이 가는 아이디어이기도 합니다. 어차피 누군가 마약 거래를 할 거라면 이런 방식으로라도 통제되는 것이 '더 나은 것' 아닐까요.

이런 사고에 깔린 전제들을 살펴보도록 합시다. 먼저 가장 중요한 전제는 '피할 수 없다'라는 생각입니다. 자루치는 "이윤이 많이 나는 일이기 때문에 억지로 막는 것이 불가능"하고 "우리가 하지 않는다 해도 결국 누군가는 하게 될 일"이라는 점을 역설했습니다. 단순히 생각하자면, '어차피 세상에서 악이 없어질 수는 없다'는 구차한 논리인 것처럼 보이기도 합니다만, 자루치의 말에는 깊은 통찰이 담겨 있기도 합니다. 즉, 나쁨이란 상대적인 것이기 때문에, 완전히 없어질 수는 없고 관리될 수만 있다는 것입니다.

어렸을 적 봤던 만화영화에서는 누가 좋은 편이고 누가 나쁜 편인지 처음부터 명확하게 정해져 있기 때문에, 별다른 고민 없이 악당들의 음모를 막고 세상을 지키는 과정에만 몰입할 수 있었습니다. 만약 세상에 모든 사람들이 악이라고 규정지을 수 있는 일들의 종류가 만화영화처럼 분명하다면, 악을 없애는 일은 생각보다 그리 어려울 일이 아닐 수도 있습니다.

문제는 그 나쁨 자체가 가치관의 문제이며, 이런 가치관은 사람이나 상황에 따라 다르고 시대와 공간에 따라 변동하는 매우 상대적인 개념이라는 것입니다. 적어도 분명한 것은 인류가 살아온 그 어떤 사회에서도 악이 존재하지 않았던 적은 없었다는 점입니다.

아무리 평화로워 보이는 전원마을에도 상대적 차원에서의 나쁨이나 죄는 늘 있기 마련입니다. 완벽한 질서도, 반대로 완벽한 혼돈도 존재할 수 없는 것은 이런 선과 악의 상대성에서 기인하는 측면이 큽니다. 근대 형법의 초석을 놓은 『범죄와 형벌』이라는 책에서 저자인 체사레 베카리아(Cesare Beccaria)가 "좋은 건축이란 중력의 힘을 없애기 위해 애쓰는 것이 아니라 중력의 힘을 인정하고 오히려 그 힘을 이용해서 더 튼튼한 건축물을 만들 수 있도록 하는 것"이라고 말한 것도 같은 맥락에 놓여 있습니다.

다음으로 생각해볼 전제는 '나쁨에 차이가 있다'라는 생각입니다. 자루치는 마약을 파는 것은 나쁜 일이지만 아무런 통제 없이 파는 것은 더 나쁘기 때문에, 자신이 직접 마약 사업에 뛰어들어 유통의 질서를 세우는 것이 옳은 일이며, 심지어 존경받을 만한 사업이라고까지 말합니다. 유색인종에 대한 차별적 의식까지 드러내며 그들에게만 팔겠다고 한 것은 분명 나쁜 일이지만, 아이들에게 파는 일을 막는 건 덜 나쁜 일일 테니 결과적으로 보자면 좋은 일이 아니겠느냐는 논리입니다.

체사레 베카리아(좌)와 그의 저서 『범죄와 형벌』의 속표지(우)

『범죄와 형벌』은 체사레 베카리아가 형벌의 기원과 형벌권의 근본 원리 등 근대 형법의 기본적인 틀을 세운 저서입니다. 법률의 해석, 형벌의 측정에서 범하는 오류, 범죄의 분류 등을 구체적으로 설명하고, 절도, 명예훼손, 사형, 밀수입, 파산, 유도신문, 소송기간 및 시효, 그릇된 공리 관념 등 모호한 개념들에 대해 자세하게 논하고 있습니다. 합리적이고 인도적인 형사법과 형사정책의 구현을 주장한 고전이라 할 수 있습니다.

　궤변처럼 보이는 말이지만 이 말을 쉽게 부정하기는 어렵습니다. 이런 논리가 성립하기 위해서는, 첫째로 나쁨도 그 수준의 차이를 측정할 수 있고, 둘째로 결과적으로 어떤 것이 더 나쁘거나 덜 나쁠 것인지 예측이 가능하며, 셋째로 가장 중요한 행위의 근거가 이런 나쁨의 수준과 결과에 대한 판단이어야 한다는 전제들이 필요합니다. 이 전제들은 일반인들의 상식에 잘 들어맞습니다. 보통의 사람들은 좋음에 차이가 있듯이 나쁨에도 차이가 있으며, 완벽한 예언은 아닐지라도 어느 정도 결과에 대한 예상도 가능하며, 또 그에 따라 판단과 행동이 이루어지는 것이 옳다는 '공리주의' 혹은 '결과주의'적 사고를 합니다.

만약 이를 부정한다면, 의무론적 사고에 의해 객관적이고 절대적으로 존재하는 옳음에 근거해서 행동해야만 합니다. 하지만 종교인들을 제외하고는 우리 주변에서 그런 판단에 따르는 경우를 쉽게 찾아볼 수 없습니다. 예컨대 스님들이 아무리 작은 생명이라도 살생을 하지 않으려 하는 것은, 살생이 옳지 않다는 계율에 어긋난다면 그 결과가 작든 크든 중요한 것이 아니라는 사고를 하시기 때문입니다. 하지만 평범한 사람들의 입장에서야 개미를 죽이는 것과 사람을 죽이는 것을 똑같이 나쁜 일로 생각하기는 어려운 게 당연하지 않을까요.

그럼에도 불구하고 자루치의 말은 여전히 억지스럽게 느껴집니다. 왜냐하면 애초에 마피아도 그리고 다른 어떤 사람들도 타인에게 해를 입히고 법으로 금지되어 있는 마약을 팔지 않는 것이 정답이기 때문입니다. 자루치는 "이익이 높다 보니 보스인 나도 통제가 안 된다"고 변명하고 있지만, 그건 마피아들 내부의 사정일 뿐 사회적인 차원에서 금지가 된다면 통제된 유통이든 뭐든 애당초 마약 거래 자체가 모두 불법이고 나쁜 일이라고 보는 것이 타당하지 않겠습니까.

이와 비슷한 논리가 민간인의 총기보유 허가 논란에도 적용될 수 있습니다. 전 세계적으로 군인이나 경찰 같은 공적 조직이 아닌 민간인들이 총기를 보유할 수 있도록 허가해주는 나라는 그리 많지 않습니다. 그런데 미국은 적절한 자격과 절차를 갖추면 누구나 총기를 지닐 수 있도록 허용하고 있어, 각종 강력범죄가 끊이지 않고 있습니다. 그 근거가 되고 있는 것이 다음과 같은 『수정헌법』[22] 제2조의 내용입니다.

『수정헌법』 제2조 규율을 갖춘 민병대는 자유로운 주 정부의 안보에
필요하므로, 무기를 소유하고 휴대할 수 있는 국민의 권리가 침해 받
아서는 안 된다.

민간인들이 무기를 지니고, 심지어 민병대까지 조직할 수 있다니,
강제력을 국가가 독점하는 것이 당연한 근대국가의 상식에 많이 벗
어나는 내용처럼 보입니다. 이런 내용이 만들어진 것은 미국이 독립
할 당시의 역사적 맥락 때문입니다. 많은 분들이 아시다시피 미국은
영국과의 '독립전쟁'을 통해 어렵게 주권국가의 지위를 획득했습니
다. 당시 목숨을 걸고 싸웠던 14개 주의 주민들이 가졌던 공통된 열
망은 "타인 혹은 강력한 정부의 통제 없이 우리 뜻대로 자유롭게 살
고 싶다"는 것이었고, 이는 주(state)²³를 중심으로 독립된 정부를 구성
하는 것을 의미했습니다.

그런데 영국으로부터 독립 후 각지에서 발생한 소요와 전쟁채권
처리문제, 여전히 불안한 안보상의 문제 등을 해결하기 위해 연방정
부를 구성하는 것이 피치 못할 과제로 등장합니다. 결국 필라델피아
회의를 통해『연방헌법』이 만들어지자, 예전에 영국정부가 그랬듯이
연방정부가 주정부를 압박하고 지배하는 것이 아닌가 하는 우려가
고개를 듭니다.

이런 우려를 불식시키고, 각 주의 자치권, 나아가 그를 통해 개별
국민의 자유를 보장하는 차원에서 10개 조항을 헌법 본문의 뒤에 덧
붙여『수정헌법』을 만들고,「권리장전(Bill of Rights)」이라는 이름을 붙
입니다. 즉, 앞서 소개된『수정헌법』제2조는 연방정부가 주정부와 국

전미총기협회
(National Rifle Association)

총기규제에 대한 논의마다 총기소유의 정당성을 적극 대변해온 이익단체입니다. 유엔 지정 비정부기구로 공식 인정을 받고 있으며, 2001년 5월 『포춘』지가 미국에서 가장 영향력이 있는 이익단체 1위로 선정하기도 했습니다. 남북전쟁 후 평화기가 오면서 민간인의 총기사용과 소지를 금지하려는 움직임에 반발해 조직됐으며, 워싱턴 정가 로비뿐 아니라 총기 제조업자와 유통업자들로부터 막대한 자금을 끌어들이는 등 미국 사회에서 큰 영향력을 발휘하고 있습니다. 사진은 버지니아 주에 있는 본부 건물의 모습입니다.

민의 권리를 침해할 경우 이에 대항할 수단으로서 민병대의 조직, 무기의 소유권을 보장한다는 것이었습니다.

이 조항에 근거해 총기소유 지지자들은 민간인의 총기보유가 헌법상의 권리이며, 총기를 지님으로써 자신의 권리를 스스로 지킬 수 있게 됨은 물론, 상대방의 권리를 더 존중해주는 장점이 있다고 역설합니다. 물론 '혹시 저 사람이 총을 가지고 있을지도 몰라' 식의 '공포에 기반한 질서'라는 이야기이겠지요.

하지만 이런 공포의 질서는 그 바깥쪽에 이미 확립된 국가를 통한 치안체계가 존재하고 있다는 점에서 무의미한 것입니다. 즉, 각 주정부 사이의 대립 그리고 주정부와 연방정부 사이의 대립 위험이 상존하고 있던 연방 초기에는 이런 조항이 의미가 있었겠지만, 이미 세계최고의 강대국으로서 미국은 강력한 공권력을 바탕으로 높은 치안수준을 유지하고 있으며, 오히려 개인들의 총기소지가 이런 질서를 위협하는 장애요소가 되고 있습니다.

앞서 이야기했던 마피아의 사례도 같은 구조로 설명할 수 있습니다. 자루치가 주장한 '마피아를 통한' 마약 유통질서의 확립은 애초에 누구도 부탁한 적이 없는 역할입니다. 반대로 일단 우리도 마약 거래를 해야겠다는 전제를 깔아놓은 상태에서 사후적으로 찾아낸 역할일 뿐이지요.

하지만 이런 비판들은 모두 개인들 간에 만들어지는 관계의 바깥쪽에 이미 경찰 혹은 더 큰 의미에서 사회라는 질서가 존재한다는 것을 전제로 한 것입니다. 그렇다면 만약 이런 외부의 강력한 질서가 존재하지 않는 상황이라면 어떨까요. 그땐 이런 공포의 질서가 의미 있다고 말할 수 있지 않을까요.

핵을 통한 차가운 균형,
냉전의 시대

산업혁명과 시민혁명으로 한바탕 홍역을 치른 인류에게 20세기는 더 거대해진 생산력과 국민국가 중심의 안정된 정치체계를 바탕으로 풍요와 발전이 약속된 시기가 될 것이라는 기대가 있었습니다. 1800년대 중반부터 세계인의 이목을 집중시켰던 만국박람회의 유행은 그러한 꿈들을 온갖 발명품과 건축물들을 통해 실체화시켜 보여주는 장으로 각광을 받았습니다.

하지만 20세기의 초입부터 인류를 기다리고 있던 것은 단 한 번도 경험해보지 못했던, 전 세계를 단위로 한 전쟁이었습니다. 더 발전된 기술과 강화된 국가체제는 오히려 비극의 규모를 더욱 확대시키는 데 기여했습니다. 상상조차 못했던 대규모 전투와 학살, 전장과 민간인들의 생활영역을 따로 구별하지 않는 전쟁의 공포가 전 지구를 뒤덮었습니다.

뿐인가요. 제1차 세계대전이 겨우 마무리되는가 싶더니, 얼마 지나지 않아 더 큰 규모의 제2차 세계대전이 벌어집니다. 많은 사람들

제1회 만국박람회(1851년) 개최 장소였던
영국 런던의 수정궁 외부 모습(상)과 내부 모습(하)

이 비탄과 좌절에 빠졌고, 인간은 본연의 이성적 능력에 대한 회의마저 품게 됩니다. 제2차 세계대전이 마무리되고 영구평화를 기대하며 국제연합이 결성됐지만, 제1차 세계대전 후 만들어진 국제연맹이 실패했듯이, 국제연합으로 대표되는 '선한 의지'만으로 전쟁이라는 비극이 진정될 거라고 기대한 사람은 그리 많지 않았습니다.

아이러니하게도 전쟁으로 뒤덮인 세상을 진정시킨 것은 선한 의지가 아니라 그 정 반대편에 있는 악의 결정체이자 대량학살무기인 핵폭탄이었습니다. 핵폭탄은 제2차 세계대전의 막바지에 이르러서야 겨우 완성됩니다. 개발에 참여한 과학자들조차 그 위력에 놀라 실제 사용을 강력히 반대했지만, 결국 히로시마와 나가사키에 투하됩니다. 이런 무리한 결정은 일본 본토 상륙전에서 수많은 미군이 희생될 것을 우려하여 더 큰 희생을 막기 위해 내려진 것이라 일반적으로 알려져 있습니다.

하지만 당시 미국 대통령이었던 해리 트루먼의 입장에서는 일본의 북방열도 지역으로부터 급속히 남하하고 있던 소련의 세력이 더 확장되기 전에 전쟁을 끝내는 것과 동시에, 소련에 확실한 경고를 주기 위한 목적도 함께 고려해 내린 결정이었습니다. 제2차 세계대전에서 추축국의 핵심이었던 독일이 패배한 시점에서 이미 세계질서는 추축국과 연합국의 대립이 아닌 자본주의와 공산주의의 체제 대결로 옮아가고 있었습니다. 실제로 인류 최초로 투하된 핵폭탄의 어마어마한 위력에 놀란 일본은 즉시 항복 결정을 내렸고, 소련 역시 세력 확장을 일단 중단하고 사태를 관망하는 자세로 돌아갔습니다.

이후 몇 년간 세계질서는 핵 우위를 바탕으로 한 미국의 독무대가

스푸트니크 쇼크
1957년 10월 4일, 세계 최초의 인공위성
인 스푸트니크 1호가 구소련에 의해 발
사됨으로써 미국을 비롯한 서방 진영은
위기의식을 갖게 됩니다. 미국은 항공우
주 분야에 대한 투자를 대대적으로 늘렸
고, 이를 계기로 미항공우주국(NASA)
도 설립됩니다. 그림은 스푸트니크 위성
발사를 기념해 만든 소련의 기념우표의
모습입니다.

됐습니다. 하지만 그것도 잠시, 이내 소련 역시 핵무기의 개발에 성공
하게 되자 미국의 우위는 급속히 약화됐습니다. 특히 1957년 소련이
인공위성 스푸트니크를 쏘아 올린 것은 미국인들에게 커다란 충격을
주었습니다. 미국도 쏘아 올리지 못한 인공위성을 먼저 쏘아 올릴 정
도로 소련의 과학기술이 발전했다는 점도 놀라웠지만, 보다 근본적으
로 미국인들을 공포에 몰아넣은 것은 인공위성을 쏘아 올린 로켓기
술이었습니다. 소련에서 미국까지의 거리가 상당히 떨어져 있기 때문
에 미사일을 쏘기 위해서는 대기권 밖으로 나갔다가 다시 진입하여
목표물을 타격하는 로켓기술이 필요했습니다. 그런데 인공위성을 쏘
아 올렸다는 것은 소련이 이미 그런 로켓을 개발할 기술을 보유했다
는 뜻이기도 했습니다. 즉, 소련이 언제라도 앉은 자리에서 핵미사일

을 발사해 워싱턴이나 뉴욕 등 미국의 주요 도시들을 잿더미로 만들 수 있게 된 것입니다.

이에 미국 역시 로켓기술은 물론 장거리 비행을 통해 직접 폭격이 가능한 전략폭격기나 원자력잠수함을 개발해냈습니다. 적국 인근의 바다 깊숙이 몇 달이고 잠복해 있다가 명령이 떨어지면 언제라도 잠수함발사탄도미사일을 발사할 수 있게 됐으며, 더 많은 원자폭탄, 더 강력한 수소폭탄이나 중성자탄 등을 개발해 소련에 대응해나갔습니다.

이렇게 두 나라가 앞 다퉈 핵전력을 강화하다 보니, 행여 상대방이 핵으로 공격하면 바로 응전해 최소한 함께 전멸하겠다는 식의 무모한 상호확증파괴전략(MAD, Mutually Assured Destruction) 전략도 등장합니다. 한 발 더 나가면, 한 나라의 핵무기만으로도 지구를 몇 번은 파괴하고도 남을 정도의 무지막지한 전력이 전 지구를 포위하게 됩니다. 상황이 이 지경에 이르다 보니, 아주 사소한 충돌만으로도 전 인류가 공멸할 수 있다는 공포가 전 세계를 뒤덮었습니다.

이렇게 미국과 소련을 중심에 둔 두 개의 커다란 블록으로 쪼개진 세계 각국은 상호간의 충돌이 전면전으로 번지지 않도록 갈등을 극도로 자제합니다. 하지만 내부를 파고 들어가 보면, 온갖 음모와 배신 그리고 스파이전이 난무하면서도 적어도 겉으로는 얼음장처럼 차갑고 고요한 평화를 유지하는 균형 상태가 지속됩니다. 소설가 조지 오웰은 「당신과 핵폭탄(You and the Atomic Bomb)」이라는 신문 기고문에서 이를 가리켜 차가운 전쟁이라는 의미로 '냉전(Cold War)'이라는 이름을 붙였습니다. 이후 저널리스트 월터 리프만이 단행본 『냉전』을

20세기 한동안 동서 냉전의 상징이었던 베를린장벽

펴내면서 이 단어는 유명해졌고, 1950년대부터 1991년 소련이 붕괴하기까지 약 40여 년간의 세계질서를 지칭하는 보편적인 개념이 됐습니다.

1955년 캐나다 외무장관인 레스터 피어슨은 「유엔헌장」 조인 10주년 기념식에서 이러한 냉전적 질서를 '공포의 균형(Balance of Terror)'이라고 불렀습니다. 자칫하면 인류 전체가 공멸할 수 있다는 두려움 때문에 만들어진 질서라는 점에서 이 표현은 참으로 적절한 용어가 아닐 수 없습니다. 언제 어떤 재앙이 닥칠지 모른다는 불안감 속에서 살아가는 것은 결코 좋은 일일 수 없겠지만, 어쨌든 이 역시 질서는 질서입니다. 두 차례나 벌어진 세계대전의 끔찍한 참상을 떠올려보면, 이런 불평조차 사치스러운 일처럼 보이기도 합니다.

더구나 이렇게 자본주의와 공산주의 진영이 극렬하게 대립하는 상황이 꼭 나쁜 것만도 아니었습니다. 진영 내부의 결속을 다지기 위해 빈곤과 저개발에 시달리는 국가들에게 다양한 지원과 협력이 이루어졌기 때문입니다. 단순히 인류애와 자선의 차원에서 이루어지는 인도적 지원과는 수준이 다른 대규모의 지원이 양 진영 내에서 이루어졌습니다. 예컨대 유럽에서 공산주의 확산을 막기 위해 미국이 제2차 세계대전 직후 유럽 전역에 대규모 무상 지원을 했던 마셜 계획이나 동독과 서독 분리 이후 서독에 집중적으로 이루어졌던 지원은 우리의 상상을 초월하는 규모였습니다. 6.25 이후 우리나라가 받은 무상원조나 차관 등도 크게 보자면 이러한 냉전적 대결구도에 영향을 받은 것이라고 볼 수 있습니다.

게다가 이렇게 치열한 경쟁상태는 과학기술의 발전도 촉진시켰습니다. 우리가 거의 매일 사용하는 자동차와 핸드폰의 내비게이션 기술 가운데 핵심인 위성항법장치(GPS)도 핵미사일을 지상 목표물에 정확히 유도하기 위해 개발된 것이었습니다. 불의 발견 이후 우리의 생활을 가장 혁명적으로 바꾼 기술이라고 여겨지는 인터넷 역시 핵전쟁 이후 각 벙커에 은신한 군 조직들 간의 통신망으로 개발된 아르파넷에서 파생된 것입니다.

마음의 불안함만 잠시 잊는다면, 냉전 시기는 이전 그 어느 시기보다 전쟁도 없고, 국가 간 협력과 위계가 강력하며, 창조적이고 생산적이었다고 평가할 수도 있을 것입니다. 이렇게 어떤 이들은 오히려 냉전 시기에 세계는 훨씬 질서정연한 상태였고, 이것이 붕괴한 후 민족, 인종, 종교를 바탕으로 한 국지전이 크게 증가하면서 오히려 세계 질서가 더 어지러워지고 있다고 이야기하기도 합니다.

이쯤 되면 마피아 보스 자루치가 무릎을 탁 치며 "거 봐라!"라고 외치는 모습이 눈에 아른거리는 상황입니다. 이렇게 덜 나쁜 것(공포)으로 더 나쁜 것(혼돈)을 제어해 질서에 이를 수 있다면, 당연히 쌍수를 들고 환영해야 하는 건 아닐까요. 우리는 경찰도 제대로 통제하지 못하는 마약 거래관계의 혼란에 대해, 차선이긴 하지만 어쨌든 덜 나쁜 상태로서 질서를 부여하려 했던 마피아들의 노력에 감사해야 하는 건 아닐까요.

공포로
지은 집

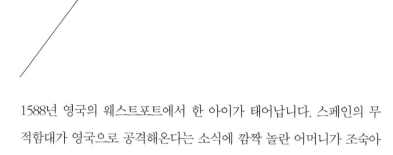

1588년 영국의 웨스트포트에서 한 아이가 태어납니다. 스페인의 무적함대가 영국으로 공격해온다는 소식에 깜짝 놀란 어머니가 조숙아로 출산한 이 아이는 훗날 자서전에서 자신의 출생에 대해 이렇게 적습니다.

나는 공포와 쌍둥이로 태어났다.

그가 평생을 공포의 문제와 싸우게 된 것도 어쩌면 태어날 때부터 정해진 운명이 아니었을까요.

'만인의 만인에 대한 투쟁'이라는 공포를 이겨내기 위해 평생을 싸운 이 사람의 이름이 바로 토마스 홉스입니다. 그가 살아간 시기는 영국에서 왕당파와 의회파가 치열한 전투를 벌이던 영국 내전의 와중이었습니다. 혼란의 틈바구니에서 목숨을 부지하기 위해 프랑스로 망명했던 그는, 영국에서 프랑스로 도망쳐온 왕당파 귀족들이 시민의

토마스 홉스의 초상화

자연권을 바탕으로 이론을 전개한 그의 글을 못마땅해 하며 생명을 위협해오는 상황이 되자 다시 영국으로 달아나 겨우 여생을 마쳤을 정도로, 평생 공포와 함께 삶을 산 인물이기도 했습니다.

따라서 그에게 가장 중요한 문제는 이런 공포로부터 벗어난 안전하고 평화로운 삶을 확보하는 것이었습니다. 홉스는 정치공동체의 가장 중요한 목표가 바로 안전이며, 이를 위해 시민들이 자연권을 양도해야 한다고 생각했습니다. 시민들은 본디 자연권을 가지고 태어났지만, 자연상태 그대로는 모두가 모두에 대해 야수처럼 잡아먹으려고 덤비는 약육강식의 혼돈을 피할 수 없으므로, 질서를 바로 세우기 위해 자신의 자연권을 국가에 넘겨줌으로써 안전을 확보해야 한다는

『리바이어던』의 책표지

것입니다.

　그의 사상을 대표하는 저서인 『리바이어던』은 그 표지부터가 의미심장합니다. 표지 한가운데를 차지하고 있는 거인의 모습은 자세히 보면 셀 수 없이 많은 사람들이 모여 만들어진 형상입니다. 즉, 수많은 사람들의 자연권이 하나로 뭉쳐져 거대한 권력을 만들어낸 것입니다.

　이 거인은 왕관을 쓴 절대군주의 모습으로 제시되어 있습니다. 한 손에는 강제력을 의미하는 칼이, 다른 손에는 정치적 권위를 상징하는 홀(지팡이)이 들려 있습니다. 사실 산보다 더 거대한 이런 거인의 모습은 징그럽기도 하고 무섭기도 합니다. 그래선지 홉스도 바다 깊

로베스피에르가 펼쳤던 공포정치의 상징처럼 돼버린 단두대

로베스피에르의 초상화

하지만 로베스피에르도 이 단두대의 제물
이 됩니다.

은 곳에 사는, 성서 속 괴물의 이름인 리바이어던을 책 제목으로 붙인 것 같습니다. 비정상적으로 거대하고 두려운 존재이지만, 이를 통해서만 질서를 유지하고 안전을 보장하는 것이 가능하기 때문에, 어쩔 수 없이 받아들여야만 하는 괴물 같은 존재가 국가라는 것이지요. 이처럼 홉스에게 국가란 여러 시민들의 혼란의 공포를 피하겠다는 의지로 만들어진 공동체, 즉 '공포로 지은 집(House of Terror)'이라고 할 수 있습니다.

그런데 이런 공동체가 실제로 가능할까요. 대부분의 정치공동체가 강제력을 독점하고 이에 대한 공포를 바탕으로 질서를 유지하는 측면이 있긴 합니다. 그중 이런 특성이 가장 강하게 드러났던 사례를 꼽으라면, 아예 그 명칭 자체가 '공포정치'였던, 프랑스혁명 당시 로베스피에르의 집권기를 들 수 있을 것입니다.

프랑스혁명이 격화되면서 루이 16세까지 단두대의 이슬로 사라지게 되자 영국, 스페인, 이탈리아 등은 혁명이 자신들에게 직접적인 위협이 된다는 생각에 함께 손을 잡고 프랑스를 압박하기 시작했습니다. 이런 와중에 정치·경제적인 혼란이 뒤를 잇자 혁명세력이 통제력을 되찾기 위한 방안으로 선택한 것이 바로 공포였습니다. 혁명지도자 중 한 사람이었던 당통은 "민중이 두려운 존재가 되지 않도록 우리가 두려운 존재가 되자"는 선언을 통해 공포정치의 방향성을 드러냅니다.

이를 본격화시킨 것은 로베스피에르였습니다. 1793년 6월 국민공회에 난입하여 반대파 의원들을 끌어내 사형에 처한 것을 시작으로, 1년 사이에 1만7천 명이 단두대로 향했습니다. 지방반란을 진압하는 과정에서는 3만 명 이상, 반정부운동의 중심이었던 방데 지역이 진압됐을 때는 한꺼번에 25만 명이 학살됐다고 합니다. 로베스피에르는 이런 엄청난 규모의 공포에 대해 다음과 같이 강변했습니다.

> 인권을 억압하는 자들을 응징하는 일, 그것이 자비입니다. 그런 자들을 용서하는 일, 그것은 야만입니다. 폭군의 잔인함은 그저 잔인함일 뿐이지만, 공화국의 잔인함은 미덕입니다.

그러나 그런 미덕은 겨우 1년 만에 무너져 내렸습니다. 언제고 누군가로부터 반혁명분자나 배신자로 낙인 찍혀 단두대로 향하게 될지 모르는 두려움 앞에 사람들은 점차 로베스피에르와 그의 지지자들이 장악한 국민공회에 의심의 눈초리를 보내기 시작했습니다. 마침내 1794년 7월, 또다시 반대파를 숙청하기 위한 연설을 시작하던 의원의 가슴을 떠밀며 한 의원이 단상으로 뛰쳐나왔습니다.

> 저는 그저께도 이런 고발을 들어야 했습니다. 어제도 그랬습니다. 오늘도 어김없이 동료의원들을 공격하는군요. 이들은 이 나라에 재앙을 가져오고 있습니다. 저는 감히 제안합니다. 이 사악한 음모의 장을 이제 그만 걷어 치워버립시다!

이 발언 하나로 국민공회의 분위기는 완전히 반전됐습니다. 공포정치의 힘은 무한한 것 같았지만, 임계점을 넘은 시점에서 어이없게도 단 한 번의 항의로 무너져 내리고 맙니다. 죽음의 행렬은 길었지만

카드로 만든 집

그 끝은 참으로 신속했습니다. 연설이 있은 바로 다음날 공포정치의 주역들은 모두 체포되어 그들이 그토록 애용하던 단두대로 향하게 됐고, 그렇게 단 하루 만에 공포정치의 피에 젖은 무대는 막을 내리고 말았습니다.

트럼프로 하는 놀이 가운데 종이트럼프를 가로세로로 비스듬히 세워 집처럼 쌓아올리는 것이 있습니다. 작은 입김만으로도 쉽사리 무너지는 집이기 때문에, 금방 쓰러질 듯이 기초가 불안한 어떤 대상을 이에 빗대어 '카드로 만든 집'라고 부르곤 합니다. 로베스피에르가 이끌었던 공포정치는 이와 같은 종류의 '공포로 지은 집'이었던 셈입니다.

공포가
향하는 곳

우리나라 역시 그리 길지 않은 현대사에서 이런 공포를 수없이 경험
했습니다. 그중 가장 체계적이고 장기적이었던 것은 1970년대를 검
게 물들였던 유신체제가 아니었을까 합니다. 당시는 수시로 발령됐던
긴급조치[25]라는 초법적 제도를 통해 정부정책에 반대의견을 밝히는
것만으로도 처벌의 대상이 되던 시절이었습니다. 언론과 사상은 전면
적인 검열 속에 그 어떤 목소리도 낼 수 없었고, 외부의 위협에 대비
해야 할 공안기관이 국민들에 대한 감시와 억압에 앞장섰던 암흑의
시간들이었습니다.

　하지만 이런 거대한 괴물이 내뿜는 공포, 국가라는 리바이어던이
휘두르는 칼과 몽둥이가 과연 질서를 낳을 수 있었을까요. 엄혹한 시
절 유신반대 시위를 이끌었던 이우재 씨는 어느 다큐멘터리 프로그
램[26]에서 당시를 이렇게 회상했습니다.

　　외국에서 잡지가 들어오면 정부에서 미리 검열을 해서 민감한 부분

긴급조치를 보도하는
당시 신문기사들

은 못 보도록 까맣게 칠하거나 아예 오려놓은 상태로 들어왔어요. 중
앙정보부에서 택시를 운영하면서 국민동향을 감시하니까 부모님들
이 택시를 타면 기사하고 함부로 이야기하지 말라고도 했죠. 국민들
을 아주 새장 속에 가둬놓고 이 안에만 있어라, 하는 거예요…… (중
략) 하지만 그렇게 아무리 겁을 줘도 사람이란 조금 있으면 공포에
익숙해지거든요. 그러면 저항이 시작되는 거죠.

이우재 씨의 이야기는 공포의 질서가 지닌 본질적 한계를 드러내
보여줍니다. 사실상 공포의 질서란 공포를 통한 통제와 억압일 뿐입
니다. 질서가 어떤 방향성을 지닌 것이라면, 단순한 통제와 억압은 사
회구성원들이 동의한 어떠한 방향성도 지니지 않는, 다시 말해 사회
구성원들을 설득하지 않고서 타인의 의지에 따르도록 강제하는 행위
일 뿐입니다.

이러한 공포를 통한 통제는 본질적인 한계를 지니고 있습니다. 먼
저 사람들이 지속적으로 공포를 느끼는 상황이 유지된다면, 그 자체
로 체제에는 심각한 압박이 될 것입니다. 공포라는 감정은 사람에게
너무나 큰 스트레스를 주기 때문에 누구든 이런 상태를 벗어나기 위
해 몸부림치는 건 당연한 일입니다. 공포가 사라지지 않는다면, 이런
내적 모순과 갈등은 점차 상승해 결국 물리력으로 통제하는 것이 불
가능한 한계점에 반드시 도달하게 될 것입니다.

이와 반대로 사람들이 공포에 익숙해져서 공포를 느끼지 못하는
상태가 되는 것 역시 문제가 됩니다. 공포로 유지된 질서는 공포가 사
라진 상황에서는 필연적으로 붕괴할 것이기 때문입니다. 따라서 공포

로 질서를 구축한 경우 더 강한 공포가 이어지도록 폭력의 수준을 점차 높여야 하는 상황에 놓이게 됩니다. 그리고 이는 다시 공포로부터 벗어나려는 더욱 강한 욕구로 연결됩니다.

따라서 대중이 공포를 느끼건 느끼지 않건, 이 두 조건들은 서로를 고양시키면서 필연적인 질서 붕괴의 상황을 초래하게 되는 것입니다. 정리하자면, 공포의 질서란 필연적으로 붕괴할 수밖에 없는 질서, 붕괴가 예정된 질서입니다.

영원할 것 같았던 냉전 시기의 양극화된 균형이 어이없이 붕괴된 것은 동독 외무장관의 단순한 말실수 때문이었다고 합니다.[27] 하지만 이는 우연이라기보다는 필연에 가까운 사건이었습니다. 당장이라도 인류 전체가 멸망할 수도 있다는 공포 속에서 50년 넘게 살아야 했던 사람들에게 공포의 질서는 이미 임계점을 훨씬 지나쳐 있는 상황이었습니다. 프랑스의 공포정치를 이끌었던 로베스피에르가 단 한 번의 이의제기에 무너져 내린 것도 이와 마찬가지입니다. 사람들은 더 이상 참을 수 없었던 것입니다.

공포의 질서는 방향성이 없는 통제일 뿐 아니라 심지어 소수의 특정한 목적에 의해 지배 당하는 통제라는 점에서 더욱 큰 문제를 가집니다.

앞서 언급했듯이, 1957년 소련이 스푸트니크 위성을 쏘아 올리자 미국은 소련의 핵미사일이 우주공간을 넘어 미국을 직격할지 모른다는 공포에 휩싸이게 됩니다. 1950년대 미국 공군은 이런 국민들의 공포를 더욱 부추기며 '밤머 갭(bomber gap)' 소동을 불러일으킵니다. 이는 핵폭탄을 실어 나를 대륙 간 폭격기 전력에서 소련이 미국보다 크

혼돈과 질서

게 앞선다는 내용이었는데, 사실은 새빨간 거짓말이었습니다. 당시 소련에 대한 직접 핵공격이 가능한 미국 폭격기가 거의 1,700대였던 반면, 소련은 겨우 200대를 보유하고 있었습니다. 그들은 이를 뻔히 알고 있었으면서도 공군에 대한 투자를 늘리려고 국민을 상대로 거짓말을 한 것입니다.

그 뒤를 이은 1960년대의 케네디도 다르지 않았습니다. 그는 인권을 신장시킨 대통령으로 위인의 반열에 올라 있지만, 대선 레이스에서 선거전략의 일환으로, 1964년이면 소련이 2천기의 대륙간탄도탄을 보유할 것이며 미국은 불과 130기밖에 확보하지 못한다는 '미사일 갭'을 주장하기도 했습니다. 하지만 실제로 그때까지 소련은 겨우 100기의 미사일만을 보유했을 뿐입니다. 이런 과장을 통한 협박은 정부의 정보조작을 통해 국민들을 속이면서 공포의 질서를 유지시키는 동력을 제공했습니다.[28]

사실 우리나라 국민들에게 이런 식의 이야기는 매우 익숙합니다. 휴전선을 사이에 두고 북한과 대립하고 있는 불안정한 상황을 배경으로 사회적으로 중요한 국면이나 선거 때마다 북한의 위협이 과장된다거나 안보문제를 전면에 부각시켜 이른바 공안정국을 조성하는 행태를 수없이 겪어왔기 때문입니다.

공포의 질서는 그 질서가 향하는 곳을 묻지 않는다는 점에서 심각한 문제를 안고 있습니다. 홉스는 정치적 공동체를 형성할 시민의 권리로서 '자연권'을 전면에 부각시켰다는 점에서 시민사회론의 선구적 역할을 한 학자로 인정받고 있습니다. 하지만 이와 동시에 그는 그 자연권을 '만인의 투쟁'의 혼돈에서 벗어나 질서를 확보하기 위해 군

로크와 루소

주 혹은 국가에게 넘겨줘버릴 수 있다는 입장을 취했기 때문에 커다
란 한계를 지녔다는 비판을 받습니다. 그래서 진정으로 민주주의의
문을 열어젖힌 학자라는 영광을, 뒤이어 등장한 로크나 루소에게 내
주어야만 했습니다. 질서와 안정이라는 현상 자체를 중요시하다 보
니, 그런 상태가 왜 가치 있으며 무엇을 위해 존재해야 하는지에 대한
근본적인 관점들을 놓치고 만 것입니다. 반면 로크와 루소는 사회와
국가 혹은 권력은 모두 시민을 위해, 시민들이 선택한 가치를 구현하
기 위한 수단으로서 존재해야 하고, 통제와 질서는 이 목적을 위해 국
가에 위임된 것일 뿐이라는 주장을 통해, 시민들의 자유와 권리를 보
장하는 것이 궁극적으로 추구되어야 할 목표임을 분명히 했습니다.

　자, 그렇다면 자유와 권리를 지키기 위한 질서의 구축이 공포라는 재료로 이루어지는 것이 과연 가능한 일일까요.

공포가 향하는 곳을 바라보는 순간, 공포는 우리가 가치 있다고 생각하는 질서와 근본적으로 모순되는 요소임을 이제 우리는 분명히 깨닫게 됩니다. 모든 사회구성원들이 동일한 가치 지향점을 가질 수는 없을 것입니다. 이견은 존재하게 마련이고, 존재하는 것이 오히려 더 건강한 상태겠죠. 혹은 어떤 순간에 합의에 이르렀다 해도 시간과 공간, 상황과 사람들이 바뀌면 새로운 고민과 합의가 다시 필요해질 것입니다. 그렇게 서로 주장하고 반박하며 고뇌와 환희를 거듭하는 시간들을 우리는 '혼돈'이라고 불러야 할지도 모릅니다. 그리고 그런 엇갈림이 첨예하고 길어질수록 우리의 삶이 불안정해지는 것도 분명한 사실입니다.

그러나 애당초 방향을 묻지 못하게 만드는 공포를 통한 질서가, 방향을 찾으려는 몸부림이 가져오는 혼란보다 더 가치 있는 것이라고 단정할 수 있을지는 의문입니다. "무법보다 악법이 낫다, 무정부보다 독재가 낫다"라는 그럴듯한 수사에 맞대어 서서 우리가 가져야 할 의문은 바로 그것입니다.

더 읽어볼 책

토마스 홉스, 서재일 옮김, 『리바이어던』, 서해문집

중세 유럽사상의 근간인 스콜라철학을 부정하고 새로운 사고의 틀을 마련한 사회계약론의 고전입니다. 홉스는 이 책을 통하여 사연권을 주장했고, 계약에 의한 국가 성립을 이야기하며 사회계약론을 창시하여 이후 법과 정치사상에 큰 영향을 미쳤습니다.

5

복수는
나의 것

예나 지금이나 복수는 문학과 예술에 끊임없는 모티브를 제공해왔습니다. 『햄릿』도 따지고 보면 아버지의 복수를 하는 아들의 이야기라고 할 수 있습니다. 뿐인가요. 자신을 절망으로 내몬 악당들에게 평생토록 복수하는 『몽테크리스토 백작』이나 주군의 복수를 위해 47명의 무사들이 모두 목숨을 바치는 일본 고전 『주신구라』에 이르고 보면, 복수는 삶 전체를 좌우하는 처절한 선택으로 다가오기도 합니다. 영화감독 박찬욱은 아예 복수를 시리즈 테마로 삼아, 〈복수는 나의 것〉, 〈올드 보이〉, 〈친절한 금자씨〉라는 이른바 '복수 3부작' 영화를 만들어 주목을 받기도 했습니다. 복수가 어떤 쾌감을 자아내는 까닭은 그것이 정의의 실현이라는 정당성을 갖고 있는 것처럼 보이기 때문입니다. 그렇다면 복수는 '질서의 복원'이라고 볼 수도 있을 텐데, 현대사회에서 복수는 오히려 사회질서를 무너뜨리는 혼돈의 근원으로 배척받고 있는 듯합니다. 복수는 왜 일어나는 것일까요. 그리고 복수라는 행위는 혼돈과 질서 중 어느 쪽에 속한 것으로 보아야 할까요.

십 년간
칼만 갈았던 까닭

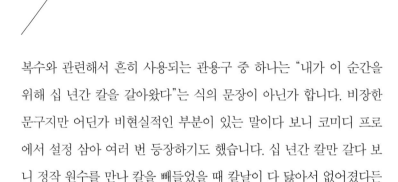

복수와 관련해서 흔히 사용되는 관용구 중 하나는 "내가 이 순간을 위해 십 년간 칼을 갈아왔다"는 식의 문장이 아닌가 합니다. 비장한 문구지만 어딘가 비현실적인 부분이 있는 말이다 보니 코미디 프로에서 설정 삼아 여러 번 등장하기도 했습니다. 십 년간 칼만 갈다 보니 정작 원수를 만나 칼을 빼들었을 때 칼날이 다 닳아서 없어졌다든가 칼갈이 전문가가 되어서 그쪽으로 전직했다든가 하는 식이었죠.

하지만 이런 우스갯소리가 가능할 만큼 복수란 비현실적이며 비정상적인 감정상태인지도 모릅니다. 사실 이미 죽은 사람, 잃은 재산, 놓친 기회들이 복수한다고 돌아오는 것도 아니고, 오히려 남은 생애를 다 바쳐 타인에게 피해를 주려는 행위야말로 소모적이고 파괴적이며, 그래서 무의미한 일처럼 보입니다. 그럼에도 불구하고 우리가 복수의 스토리에 열광하는 것은 그만큼 많은 사람들이 복수를 '무의미할지라도 필요한' 일로 받아들이고 있다는 반증 같기도 합니다.

복수를 정의로운 것으로 받아들이는 고전적인 사고는 아리스토텔

'눈에는 눈, 이에는 이' 복수법

최초의 성문법으로 알려진 『함무라비 법전』은 20세기 초에 이란 서부 페르시아만에서 발견됩니다. 전체 282조문으로 구성되어 있으며, 그 유명한 '눈에는 눈, 이에는 이'를 언급하는 조문은, 제196조에 "만일 사람이 평민의 눈을 상하게 했을 때는 그 사람의 눈도 상해져야 한다", 제200조에 "만일 사람이 평민의 이를 상하게 했을 때는 그 사람의 이도 상해져야 한다"라고 적혀 있습니다. 이는 『함무라비 법전』이 동해(同害) 복수법에 기초한 형벌법임을 나타냅니다. 사진은 루브르박물관에 소장돼 있는 두 가지 형태의 함무라비 법전입니다.

레스로까지 거슬러 올라갈 수 있습니다. 아리스토텔레스는 정의의 여러 조건들을 이야기하면서 기본적으로 정의란 균형을 유지하는 것이라 설명했습니다. 예를 들어, 거래관계에서 옳고 그름을 따지는 '교환적 정의'란, A가 B에게 20만큼의 가치를 지니는 물건을 주었을 때, B가 다시 A에게 20만큼에 해당하는 돈이나 다른 물건을 주어 균형을 회복하는 것을 의미했습니다. 그리고 어떤 사람이 노력이나 희생을 통해 공동체에 기여했다면, 그 기여만큼 보상을 제공하는 것을 '배분적 정의'라고 이야기했습니다.

이와 반대로 A가 B에게 손해를 끼쳐 손실이 발생했을 때, 그 부분만큼을 다시 A가 채워주는 것이 당연한데, 아리스토텔레스는 이를 '교정적 정의' 혹은 '시정적 정의'라고 불렀습니다. 따라서 복수란 손해를 입은 자가 상대방에게 똑같이 손해를 입혀 균형을 맞추는 행위라는 점에서, 정의의 일종이라 여겨지는 것 같습니다. 즉, '눈에는 눈, 이에는

『아몬틸라도의 술통』의 본문 삽화

이'라는 상식에 따라 복수는 정당성을 지닌다는 것이지요.

하지만 이렇게 단순한 방정식이 복수에 내포된 복잡한 성격들을 모두 설명할 수는 없습니다. 애드거 앨런 포우는 자신의 소설 『아몬틸라도의 술통』에서 복수를 위해 한평생을 바치는 주인공을 묘사하면서 복수의 두 가지 조건을 내세웠습니다.[29]

첫째는 복수를 하는 과정에서 내가 다쳐서는 안 된다는 것입니다. 잃은 것을 보상받기 위한 복수의 과정에서 오히려 손해를 봐서야 되겠습니까. 이 조건은 당연한 것일지도 모릅니다.

재미있는 것은 두 번째 조건입니다. 복수를 당하는 상대방이 자신이 왜 이런 꼴을 당하는지 반드시 알도록 해야 한다는 것입니다. 만약 내가 당한 피해만큼 상대방이 당하도록 하는 것 자체가 목적이라면, 이런 과정은 그다지 의미가 없거나 복수를 행하는 사람을 다시 위험

에 빠뜨릴 가능성도 있는 만용처럼 보이기도 합니다. 하지만 복수를 당하는 이유를 전혀 모르는 것도 좀 이상하긴 합니다. 예컨대 무엇인가에 대한 복수로 어떤 사람의 사업이 망하게 만들었는데, 정작 그 사람은 자기가 운이 없었거나 경영상의 실수로 그렇게 됐다고 생각하고선 "자, 기운 내서 다시 한 번 도전해보자"라는 식으로 반응한다면, 맥이 빠지지 않겠습니까.

그렇다면 이렇게 굳이 상대방에게 복수라는 사실과 재앙의 이유에 대해 구구절절이 알리고 싶은 마음은 어디서 비롯되는 것일까요.

이 부분을 이해하기 위해 먼저 간단한 실험을 한 가지 살펴보도록 하겠습니다. 어느 심리학 실험실에서 실험 참여자를 모집했다고 합니다. "충분한 보상을 제공한다"는 말에 많은 자원자들이 모였고, 이들은 A, B 두 그룹으로 나뉘어 각각 다른 방에 들어갔습니다. 그런데 정작 이 사람들에게 주어진 과제는 아주 단순한 산수문제들을 끝없이 푸는 것이었습니다. 2~30분이면 될 줄 알았던 실험은 한 시간을 넘어 두 시간, 세 시간이 지나서야 마무리됐고, 참여자들은 모두 완전히 녹초가 돼버렸습니다.

그런데 실험을 마치고 나서 다시 강의실에 들어간 연구자들은 A 그룹에게는 시간당 10만원씩 30만원의 일당을, B그룹에게는 시간당 1만원씩 총 3만원밖에 안 되는 일당을 지급했습니다. 그러고 나서 실험과정이 재미있었는지, 의미 있는 시간이었는지 묻는 설문에 답하고 나가도록 했습니다. 30만원을 받은 A그룹과 겨우 3만원을 받은 B그룹 중 더 긍정적인 대답을 한 쪽은 어디일까요. 얼핏 생각하면 그래도 충분한 보상을 받은 A그룹이 긍정적인 대답을 했을 것 같지만, 실제

혼돈과 질서

실험 결과는 오히려 3만원밖에 받지 못한 B그룹이 더 긍정적인 대답을 한 것으로 나왔습니다. 왜 이런 결과가 나온 것일까요.

위의 실험은 페스팅거(Leon Festinger)라는 심리학자가 했던 것으로, 이를 바탕으로 페스팅거는 '인지부조화 이론'을 주장하게 됩니다. 인지부조화 이론[30]이란 사람들이 원래 가지고 있던 태도나 판단과 다르게 행동하게 될 경우, 둘 사이에 존재하는 차이 때문에 갈등을 경험하게 된다는 주장입니다. 즉, 인지 요소들이 서로 조화를 이루어야 하는데 어떤 계기로 부조화가 발생하면 인지적 부담을 느끼게 된다는 것이지요.

앞의 실험에서 충분한 보상을 예상하고 지겹기 짝이 없는 일을 한 두 그룹 중 30만원을 받은 사람들은 기대 수준만큼의 보상을 받았으므로 별다른 고민 없이 자신이 판단한 대로 "지루했다, 재미없었다"라고 솔직히 대답할 수 있었을 것입니다. 하지만 기대보다 훨씬 적은 3만원을 받은 사람들은 한 일과 보상 사이의 간극을 메꾸기 위해 차라리 이미 했던 일에 대해 "그래도 나쁘지 않았다. 나름 보람 있는 일이었다"라는 식으로 태도를 바꿈으로써 인지부조화로부터 비롯되는 괴로움을 줄이려 한다는 것입니다.[31]

복수의 문제도 인지부조화라는 관점에서 설명해볼 수 있습니다. 대개 복수를 결심하게 될 때는 본인에게 무척 소중했던 사람이나 물건이 피해를 입고, 반대로 그에 비해 가해자는 별다른 피해를 입지 않거나 심지어 이득을 볼 경우입니다. 자신이 입은 피해에 대해 응당 그 대가를 치러야 할 가해자가 오히려 이득을 보게 되는 상황에서 발생하는 커다란 심리적 상실감을 감당하지 못할 때인 것입니다. 가해자 역시 큰 피해를 본 경우라든가 가해자가 진심으로 사과하는 경우 마음이 누그러들겠지만, 반대로 가해자가 이익을 보거나 오만한 태도를 보이고 심지어 가해 자체가 고의적인 행위였을 경우, 크게 반발하는 것은 모두 이런 심리에서 비롯하는 것으로 볼 수 있습니다.

이렇게 보자면 도저히 인간적으로 용서할 수 없는 극악한 범죄를 저지른 사람에 대해 피해자의 가족이 "용서하겠다"라고 말하는 장면은 숭고한 인간애를 보여주는 장면이라기보다는 오히려 말할 수 없이 처절한 슬픔의 모습일 수도 있습니다. 가해자에게 자신이 받은 고통만큼 심각한 피해를 줄 수도 없고, 또 그렇게 한다고 해서 죽은 사람이 살아 돌아올 수도 없습니다. 어떻게 해도 그 빈자리가 채워지지 않는 이때, 어떤 선택이 가능할까요. 혹시 피해자 가족들은 그 고통에서 '벗어나기' 위해 '그래, 그 사람도 어쩔 수 없는 사정이 있었겠지. 반성하고 있겠지. 용서하는 게 하늘나라에 있는 아이도 바라는 일일 거야'라고 스스로 태도를 변경하게 된 건 아닐까요.

다시 포우의 이야기로 돌아가볼까요. 복수가 이렇게 자신의 마음속에서 발생한 인지부조화, 태도와 현실 사이의 간극을 채우기 위한 몸부림이라면, 복수를 통해 객관적으로 상대방에게 얼마나 큰 피해를 주는가보다 더 중요한 문제는 그 사람에게 자신의 잘못을 깨닫도록 해주는 것입니다. 스스로 잘못했다는 것을 인정하도록 하고, 사과를 받아내며, 심지어 벌벌 떨며 용서를 비는 비참한 지경에 이르도록 만드는 것이야말로 상대방에게 내가 겪은 고통과 아픔을 똑같이 되갚아주는 진정한 복수입니다. 이런 과정을 통해 피해자는 상실감을 채우고, 떠나버린 가족이나 친구가 얼마나 소중한 존재였는지 스스로 재확인하게 됩니다.

그런데 이 단계에는 한 가지 더 숨은 기능이 있습니다. 사적인 차원에서의 복수는 대개 현행법에서 금지된 불법적 행위인 경우가 많습니다. 따라서 복수과정에서 행위자는 자신이 알고 지켜왔던 사회질서를 무시한다는 또 다른 차원에서의 인지부조화를 피할 수 없을지도 모릅니다.

하지만 상대방에게 잘못을 깨닫게 하고 용서를 빌도록 만드는 것은 그런 일련의 행동들이 정당한 것임을 복수의 당사자로부터 인정받는 과정이기도 합니다. 밧줄에 묶인 악인이 눈물을 흘리며 "죄송합니다, 제가 죽을죄를 지었습니다"라고 말하는 장면에 이르러서야 '그래, 내가 한 일은 옳은 일이었어. 이 녀석은 이런 꼴을 당하는 게 당연할 만큼 나쁜 짓을 저지른 녀석이 맞아'라고 안도하게 되는 것이지요.

그렇다면 여기서 또 한 가지 의문이 생기게 됩니다. 복수가 이렇게 나름대로 타당한 이유와 근거를 가지고 있는 '정의로운' 행동임에도 어째서 사회적으로는 복수가 금지될까요. 왜 사회가 '대신' 복수해주겠다고 나서는 것일까요. 그 복수가 과연 충분하긴 한 걸까요.

자력구제와
법감정

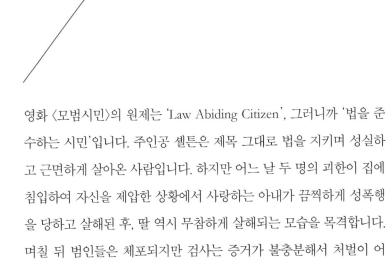

영화 〈모범시민〉의 원제는 'Law Abiding Citizen', 그러니까 '법을 준수하는 시민'입니다. 주인공 셸튼은 제목 그대로 법을 지키며 성실하고 근면하게 살아온 사람입니다. 하지만 어느 날 두 명의 괴한이 집에 침입하여 자신을 제압한 상황에서 사랑하는 아내가 끔찍하게 성폭행을 당하고 살해된 후, 딸 역시 무참하게 살해되는 모습을 목격합니다. 며칠 뒤 범인들은 체포되지만 검사는 증거가 불충분해서 처벌이 어렵다는 모호한 태도를 취합니다. 최종적으로 한 명만 사형을 선고받고 다른 한 명은 풀려나게 됩니다. 분노한 셸튼은 10년 간 복수를 준비한 끝에 풀려난 범인은 물론, 그 판결에 관련된 판사와 사법부 공무원들까지 치밀한 방법을 통해 잔인하게 살해합니다. 그러고 보면 '모범시민'이라는 제목은 지독하게 반어적인 표현인 셈입니다.

폭력 묘사의 수준이 상당히 높고, 주인공이 사법체계 자체에 도전한다는 '건전치 못한' 내용을 담고 있음에도 많은 사람들이 이 영화에 공감하고 통쾌해했습니다. 그만큼 이런 복수의 정당성을 인정하는

영화 〈모범시민〉의 스틸 커트

사람들이 많았다는 뜻이기도 할 것입니다.

이렇게 스스로의 힘으로 자신의 문제를 해결해나가는 것을 '자력구제'라고 합니다. 뜻으로만 보자면 스스로 알아서 하는 것이니 긍정적으로 보이기도 하는데, 대개는 물리력을 동반한 방식으로 구제가 이루어지기 때문에 형법상으로는 엄격하게 금지되고 있습니다. 그 이유야 여러 가지겠지만, 가장 중요한 것은 바로 질서를 유지하기 위한 강제력이 개인이 아닌 국가에 의해 독점되어야 한다는 생각입니다. 만약 사회구성원 개개인이 자력구제에 나서는 것이 허용된다면, 각자 자신이 옳고 정당하다고 믿는 바에 따라 폭력을 행사하는 일이 여기저기에서 벌어지면서 사회는 큰 혼란에 빠지게 될 것입니다. 또한 이런 혼란은 궁극적으로 강자에게 유리하고 약자는 일방적으로 피해를 당하는 약육강식의 무질서로 귀결될 것이고요.

그렇다면 문제는 국가(공권력)가 개인의 복수를 대신해줄 수 있는가 하는 점입니다. 여기서 우리가 잊지 말아야 할 점은, 사법(私法)과 공법(公法)은 그 목적하는 바가 서로 다르다는 것입니다.

저는 학생들에게 법을 가르칠 때 항상 이 지점을 구분하는 것으로 수업을 시작합니다. 예컨대 드라마나 영화를 보면 어떤 사람이 빌린 돈을 갚지 않을 때, "야, 너 내 돈 안 갚으면 콩밥 먹게 될 줄 알아!"라고 소리치는 것을 종종 봅니다. 돈을 빌려놓고 제때 갚지 않는 것은 '잘못된' 행동이니 이에 대해 '벌'을 받도록 하겠다는, 매우 상식적으로 보이는 말입니다.

하지만 사실 엄밀하게 따져보면, 돈을 안 갚았다고 해서 감옥에 갈 거라고 단정 지을 수는 없습니다. 감옥에 간다는 것은 처벌을 받는 것이고, 처벌을 받으려면 형법상 범죄를 저질러야 합니다. 그런데 형법에서 범죄란 단순히 잘못한 것이 아니라, 그것이 사회질서를 어지럽히는 심각한 문제로서 국가 차원에서 바로잡을 필요가 있을 때 문제를 삼는 것입니다.

즉, 돈을 빌려갔는데 사업에 실패했다든가 혹은 다른 이유로 정말 갚을 돈이 없는 상황이라면, 굳이 국가가 개입하지 않고 두 당사자 간에 돈을 돌려받을 방법을 강구하거나 손해를 배상토록 하는 '민사'적 문제에 머무를 가능성이 높습니다. 물론 처음부터 갚지 않을 생각으로 돈을 빌렸다거나 속여서 돈을 뺏어낸 경우라면, 사회질서를 어지럽힌 범죄로 여겨 처벌을 받을 수 있겠죠.

이렇게 사법은 개인이 가진 권리를 지키고, 입은 손해를 보전해줄 방법을 찾기 위해 양 당사자 간의 문제를 해결하는 것을 목적으로 합니다. 반면 공법은 사회질서를 지키는 것이 우선적 목표입니다. 따라서 개인이 국가 혹은 사법제도에 요구하는 '복수'와 실제로 이루어지는 '처벌' 사이에는 그 방향과 수준에서 큰 차이가 있을 수밖에 없습니다. 사회질서를 지키는 것이 목적이라면, 그래서 애당초 개인이 만족할 만한 수준으로 처벌을 하는 것이 목적이 아니라면, 이 둘 사이에는 필연적으로 괴리가 발생할 수밖에 없습니다.

앞서 사례를 든 영화 〈모범시민〉도 그런 차이가 문제가 된 경우라고 할 수 있습니다. 영화 속에서 잔인한 범죄를 저지른 악당들은 금세 체포가 됐지만, 증거가 충분치 못해 재판과정에서 패소할 것을 우려한 검사는 유죄를 인정하는 증언을 하는 것을 조건으로 두 명의 악당 중 한 명과 형량을 낮춰주는 '플리바게닝(plea bargaining)'[32]을 합니다. 우리말로 '유죄인정형량협상' 정도로 번역되는 용어입니다. 영화를 소개하는 어떤 자료에서는 '불법적인 협상'이라고 표현하기도 하던데, 미국법상으로는 엄연한 사법제도의 일부로 불법이 아닙니다.

이 제도가 활용되는 표면적인 이유는 확실한 증거를 통해 피의사실의 엄밀한 입증을 요구하는 형사재판의 특성 때문입니다. 죄를 지은 범죄자가 재판과정에서 증거 불충분으로 혹시라도 무죄로 풀려나는 것을 막기 위해, 협상을 통해 그보다 낮은 처벌이라도 받도록 하자는 취지입니다.

영화 속에서 플리바게닝을 결정한 검사가 아내와 딸이 살해 당한 셸턴에게 "정의가 조금이라도 남아 있는 게 아예 없는 것보다는 낫죠?"라든가 "진실이 무엇인지가 중요한 게 아니라, 당신이 무엇을 증명할 수 있는가가 중요하단 말입니다"라고 윽박지르는 것은 이런 이유에서였습니다.

하지만 이는 표면적인 이유일 뿐이고, 보다 중요한 목적은 소송에 들어가는 시간과 비용을 줄이는 것입니다. 그렇지 않아도 검사가 혐의를 완전히 입증하려면 많은 노력이 필요한데, 배심재판제도를 운영하고 있는 미국의 경우 재판에 드는 시간과 비용은 엄청난 수준입니다. 따라서 확실한 증거를 통해 입증할 수 있는 사건이 아니라면, 오래 매달리지 않고 유죄인정협상을 통한 처리로 사법제도의 효율성을 높일 수밖에 없는 것입니다.

실제로 미국 형사재판의 약 90퍼센트가 이렇게 플리바게닝으로 처리되고, 불과 10퍼센트 남짓만 정식재판으로 간다는 통계가 있을 정도입니다. 아무리 사법제도 자체의 한계 때문에 어쩔 수 없는 일이라고는 해도 피해자의 입장에서는 얼토당토않은 일이라고 할 수밖에 없습니다. 그러니 '썩은' 사법제도에 관련된 모든 사람들을 한방에 날려버리는 주인공 셸턴의 모습에 많은 사람들이 열광한 것도 당연한 일이라 하겠습니다.

문제는 이렇게 사회구성원들이 가지고 있는 정서와 실제 법제도 사이에 괴리가 커지게 되면, 사법제도 자체에도 위협이 된다는 것입니다. 그러니 사법제도를 운영하는 국가의 입장에서도 국민의 '법 감정'을 살펴, 그와 제도 사이의 거리가 지나치게 벌어지지 않도록 조정하는 것이 중요한 일입니다.

건강하고 건전한 청년의 이미지로 연예활동을 하며 당당하게 병역의 의무를 이행하겠다고 공언하던 유승준 씨가 몰래 미국시민권을 획득해 병역을 회피한 일이 밝혀지자, 당국에서 '우리나라의 선량한 풍속에 어긋난다'는 모호한 이유로 입국을 금지시킨 일이나, 온 국민을 분노에 몸서리치게 한 조두순 사건에 대한 형량이 지나치게 낮다는 비난이 빗발치자 이른바 「조두순 법」을 통해 유사 사건에 대한 형량을 살인에 버금갈 정도로 크게 강화시킨 것은 모두 이런 국민의 법감정을 고려한 것이라고 볼 수 있습니다. 즉, 하나하나의 사건을 떼어놓고 보면, 원칙 없고 즉흥적인 결정인 것처럼 보이지만, 그런 변경을 통해 구성원들과 제도 사이에 존재하는 괴리의 폭을 줄이는 것이 사법질서의 실효성을 확보하는 데 매우 중요한 조건이라는 점을 간과해서는 안 될 것입니다.

더 엄격한 처벌은 더 좋은 질서일까
—조두순 사건과 「조두순 법」의 문제점

유기징역형의 상한을 15년으로 정한 형법 제42조는 1953년 형법이 제정된 이래 57년간 단 한 번도 개정되지 않다가 아동 성폭행범인 조두순 사건과 여중생 성폭행 살해범인 김길태 사건이 잇따라 발생하자 2010년 전격적으로 개정됐습니다. 국회 법사위는 당시 계류돼 있던 의원입법 다섯 건을 합쳐, 유기징역의 상한을 30년으로, 형의 가중 시에는 50년까지 선고할 수 있도록 상향조정한 대안을 만들어 일사천리로 통과시켰습니다. 기본법인 형법총칙을 개정하는 중대한 사안임에도 심사기간은 단 열흘에 불과했으며, 의견수렴을 위한 공청회는 아예 생략돼 학계와 법조계에서는 졸속 입법이라는 비판이 거셌습니다. 문제는 이런 형량의 가중이 성폭행과 살인의 처벌수위를 비슷하게 만들어 오히려 살인이 증가되는 결과를 가져올 수도 있고, 전체적인 법체계에도 큰 혼란을 가져온다는 점이었습니다. 국민의 기본권을 직접 제한한다는 점에서 엄격해야 할 형법의 내용이 대중들의 법감정에 지나치게 영향을 받은 것 아닌가 하는 논란이 남아 있는 것입니다.

오고가는 복수 속에
싹트는 질서?

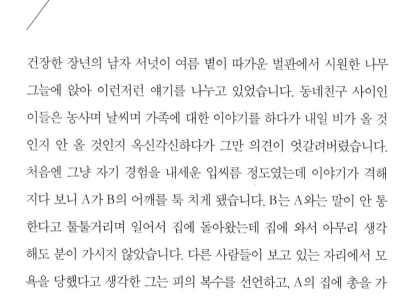

건장한 장년의 남자 서넛이 여름 볕이 따가운 벌판에서 시원한 나무 그늘에 앉아 이런저런 얘기를 나누고 있었습니다. 동네친구 사이인 이들은 농사며 날씨며 가족에 대한 이야기를 하다가 내일 비가 올 것인지 안 올 것인지 옥신각신하다가 그만 의견이 엇갈려버렸습니다. 처음엔 그냥 자기 경험을 내세운 입씨름 정도였는데 이야기가 격해지다 보니 A가 B의 어깨를 툭 치게 됐습니다. B는 A와는 말이 안 통한다고 툴툴거리며 일어서 집에 돌아왔는데 집에 와서 아무리 생각해도 분이 가시지 않았습니다. 다른 사람들이 보고 있는 자리에서 모욕을 당했다고 생각한 그는 피의 복수를 선언하고, A의 집에 총을 가지고 갔습니다. 마침 A가 외출한 참이라 집에 없자 A의 형제 둘을 쏘아 죽였습니다. 집에 돌아와 이 사실을 알게 된 A 역시 피의 복수를 선언하고, 자신도 총을 가지고 B의 집으로 찾아갔습니다.

이미 온 마을에 떠들썩하게 이 사실이 알려진 터라 경찰이 미리 B의 집에 와 있었습니다. 경찰은 흥분한 A를 말리며 더 이상 복수를 하지 말라고 부탁했지만, A는 B는 물론 말리던 경찰까지 죽이고 말았습니다. 이번엔 B의 사촌형이 피의 복수에 나섰는데 여기에 A의 총을 맞아 죽은 경찰의 아들까지 가세해 A의 아내와 아들까지 죽여버립니다. 그러고는 복수를 피해 다른 지방으로 달아났습니다. 여기에 맞서기 위해 A의 가족들은 혹시 이들이 돌아오기 전에 죽임을 당해 복수를 하지 못하게 될까봐 복수를 해야 할 아들들을 집 안에 감금해 놓고 보호하는 한편, 집 밖으로 나오는 B와 경찰의 가족들을 해치우기 위해 호시탐탐 기회를 노리고 있습니다.

이 무슨 유치한 스토리냐 하시겠지만 알바니아에서 실제로 있었던 일입니다. 이는 '카눈(kanun)'[33]이라고 알려져 있는 관습으로, 우리말로는 '명예살인'이라고 번역되는 경우가 많습니다. 정확히 말하자면 카눈은 '카논(canon)' 혹은 '코드(code)', 그러니까 '관습법'이라는 포괄적인 의미의 단어입니다. 그중 '명예'에 관련된 내용에는 어떤 사람이 살인이나 상해를 당했을 경우, 그 가족은 당한 대로 되갚을 수 있는 권리를 지닌다는 의미로, "피는 피로써 값을 치른다"라고 표현되어 있습니다. 그래서 사람들은 이를 '피의 복수'라고 부릅니다.

1990년대 이후 피의 복수로 사망한 사람만 1만 명이 넘고, 복수를 피해 은둔생활을 하고 있는 이들이 6천 가구가 넘는다고 하니, 단순한 해프닝이 아니라 사회적으로 상당히 보편화·제도화된 관습이라고 보아야 할 것 같습니다.

사실 이런 관습은 알바니아에만 있었던 것이 아닙니다. 이탈리아에서도 모욕을 당하면 어떤 형식으로든 반드시 되갚아주어야 한다는 원칙하에 가문 간의 거듭된 복수가 이어지는 일이 빈번했고,[34] 아르

혼돈과 질서

메니아나 아랍권에서도 이런 관습이 있었습니다. 따지고 보면 서부개
척시대를 대표하는 전설적인 총잡이 스토리인 〈OK목장의 결투〉 역
시 카우보이들과 보안관들의 반복된 복수담입니다. 법인류학에서는
이런 반복적인 복수로 인해 만들어지는 관습을 '퓨드(feud, 반목 또는
불화)'라고 부릅니다.[35]

OK목장의 결투

미국 서부 역사상 가장 유명한 무법자 카우
보이들과 보안관들 간에 벌어진 30초 총격
전을 다룬 영화입니다. 애리조나 주의 툼스
톤에서 1881년 10월 26일 오후 3시쯤 일어난
이 사건은 카우보이인 빌리 클레이본, 아이
크 빌리 클랜튼, 톰과 프랭크 맥래리 형제와
그에 대응하는 보안관인 버질 · 모건 · 와이
어트 어프 형제들과 친구 닥 할러데이 사이
의 오랜 불화(fued)에 의한 결과였습니다.
이 총격전으로 카우보이들 중 아이크 클랜
튼과 빌리 클레이본은 다치지 않고 도망갔

영화 〈OK목장의 결투〉 포스터

으나, 빌리 클랜튼과 맥래리 형제는 죽게 됩니다. 반면 버질 · 모건 그리고 닥 할
러데이는 부상을 당했지만 죽지 않았고, 와이어트 어프는 다치지도 않았습니다.
이후 끈질긴 복수전이 이어져 1881년 12월 28일 버질 어프는 무법자 카우보이
들의 보복공격에 불구가 됐고, 1882년 3월 18일에 모건 어프도 살해 당했습니다.
두 사건의 용의자가 구체적인 알리바이를 제시하고 기소되지 않자 와이어트 어
프는 자신의 손으로 직접 이들을 죽이고 도주했습니다.

퓨드의 첫 번째 특징은 '집단 간'의 문제라는 것입니다. 개인 간에 벌어지는 복수는 당사자의 문제로 끝이 나지만, 집단 간에 벌어지는 복수는 한 구성원이 피해를 입은 경우 다른 구성원이 대신해서 그 복수에 나서게 되어 복수가 끝없이 이어진다는 속성을 지니고 있습니다. 그래서 퓨드는 일회적이지 않고 반복적으로, 장기간에 걸쳐 이루어지는 복수라는 두 번째 특성을 갖습니다.

하지만 좀 더 흥미로운 특성은 퓨드가 '친밀한 집단' 간에 벌어지는 일이라는 점입니다. 미국의 심리학자이자 정치학자인 라스웰이 퓨드를 "친밀한 집단들 간에 서로 적의를 품고 있어서 양쪽에서 폭력의 사용이 예기되는 관계들"이라고 설명했을 때, '친밀한 집단'이라는 조건에 대해 많은 학자들의 반론이 있었습니다.[36] 이런 대립이 꼭 친밀한 집단 간에만 벌어지리란 법도 없고, 또 상호간에 복수를 하는 상황이라면 이미 친밀하다고 말할 수는 없는 상황이기 때문입니다.

반복되는 피의 복수라는 퓨드의 의미에 영 어울리지 않는 친밀한 집단이라는 표현을 라스웰이 사용한 것은, 퓨드가 더 큰 규모의 공동체 '내부'에서 벌어지는 갈등이라는 점을 강조하기 위한 의도로 보입니다. 서로 죽고 죽이는 관계가 매우 잔혹하고 무서워 보이지만, 결국 이 관계는 보다 큰 차원에서의 공동체 혹은 국가 안에 존재하는 집단들 간의 문제라는 점에 주목할 필요가 있습니다. 퓨드는 카논, 즉 사회적 코드이자 규칙으로서 작동하는 '관습법'이지 '전쟁'이 아닌 것입니다. '사회의 규칙'이 발동하기 위해서는 당연히 당사자들이 그 사회의 구성원들이어야 하기 때문에, 퓨드는 지리적으로나 사회적으로 인접한 관계를 맺고 있는 집단들 간에 벌어질 수밖에 없으며, 이것을 라스웰은 '친밀한 집단'이라고 표현한 것입니다.

　'혼돈과 질서'를 주제로 한 이 글에서 퓨드의 문제에 주목한 것도 이 때문입니다. 복수는 자력구제의 가장 극단적인 형태로서, 기존의 질서를 파괴하는 '혼돈'의 요소로 여겨집니다. 하지만 퓨드는 단순한 폭력이 아니라 '사회적으로 용인되는 폭력'의 한 형태로서 규범의 성격을 지닙니다.

　그래서 퓨드의 네 번째 속성은 그것이 '여론(public sentiment)'에 의해 정당화된다는 점입니다.[37] 퓨드의 복수는 제멋대로 하는 것이 아니라 사회적으로 인정되는 경우에 미리 정해져 있는 방식에 따라 행해집니다. 예컨대 가족의 복수를 위해 원치 않은 살인을 하고, 관습에 따라 한 달 뒤부터 복수의 대상이 되고, 그래서 사회적으로 시한부 인생의 운명에 처한 주인공의 슬픈 이야기를 다룬 이스마일 카다레의 소설 『부서진 사월』은 예측 가능하고 질서정연한 파국이라는 아이러

영화 〈부서진 사월〉의 포스터
알바니아의 작가 이스마일 카다레의 동명 소설을 원작으로 한 영화로, 카눈 관습에 대한 비판적인 시각이 담겨 있는 영화입니다.

니한 상황에 처한 인간의 고통을 잘 보여주고 있습니다.

앞서 말씀드린 알바니아의 사례는 복수와 폭력이 대안적 질서로 작동하는 가장 직접적인 사례이기도 합니다. 원래 알바니아에서도 카눈 관습은 15세기에나 통하던 것으로, 근대에 들어와서는 거의 사라졌었다고 합니다. 하지만 1990년대 초 부정부패한 국가권력과 대규모 금융사기로 인한 경제의 붕괴, 무능한 경찰로 인한 치안 불안상태가 지속되자 주민들 스스로 사회질서를 만들어갈 수밖에 없었고, 그 결과 수백 년 전의 카눈이 부활하여 지금에 이르게 된 것입니다. 가족과 가문을 가장 핵심적인 사회집단으로 세우고, 이를 바탕으로 서로 복수를 두려워하여 질서를 지키도록 만드는 시스템이라고나 할까요. 우리나라에 퓨드의 마땅한 번역어가 없다는 것은 어쩌면 우리나라에는 늘 강력한 국가권력이 존재했기 때문에 퓨드와 같은 대안적 질서가 필요치 않았다는 뜻일지도 모르겠습니다.

당신에게
결투를 신청합니다

복수의 가장 양식화된 형태는 '결투'라고 할 수 있습니다. 결투라는 말을 들으면 어떤 이미지가 떠오르시나요. 주점 앞에서 흙먼지를 날리며 권총집에 손을 댈까 말까 긴장하고 있는 황야의 무법자? 총을 든 채 서로 등을 맞대고 있다가 다섯 걸음씩 앞으로 걸어가는 실크햇의 신사들?

서양에서 결투에 관한 가장 오래된 이미지는 '결투재판'이었습니다. 중세의 교회에서는 신의 뜻에 따라 옳고 그름을 판단하려는 경향이 강했습니다. 그 근거가 된 성경의 구절이 다음의 내용입니다.

재판은 하느님께 속한 것이니…
사람의 낯을 두려워 말 것이며
스스로 결단하기 어려운 일이거든 내게로 돌리라
내가 들으리라 했고[38]

즉, 입증하기 어려운 범죄나 사건에 대해 무죄 여부를 가리기 위해 당사자들 간에 결투를 벌이고, 그 결과에 따라 판단하는 이른바 '신명재판(神命裁判)'과 그 근거가 되는 '신판법(神判法)'이 공식적으로 인정된 것입니다. 중세사회의 신분구성이 왕, 성직자, 귀족, 농민이었다는 점을 고려하면, 사실상 이런 결투재판을 할 수 있는 것은 귀족뿐이었기 때문에, 결투는 귀족, 그중에서도 기사들의 몫으로 여겨졌습니다.

사실 기사들은 굳이 신명재판이 아니더라도 일상적으로 결투를 해야 하는 입장이었습니다. 주군과 쌍무계약을 맺어야 생활이 안정될 수 있었기 때문에, 기사들은 자신의 실력을 알아줄 주군을 찾기 위해 여기저기 떠돌아다니면서 명성을 높일 만한 결투를 벌이고, 또 그 과정에서 전리품이나 상금을 획득하여 살아가곤 했습니다. 이런 결투들은 애초에 복수와 관련이 없는 것이었기 때문에 결투에 이르는 과정 자체가 그렇게 격렬한 것이 아니었습니다. 한쪽이 패배한 후에도 죽이기보다는 몸값을 받아내는 협상을 거치는 게 일반적이었기 때문에 이런 절차들 속에서 결투는 점차 형식을 갖추어나가게 됐습니다.

우리가 결투의 일반적인 이미지로 흔히 떠올리듯, "당신은 내 명예를 더럽혔소!"라고 외치며 장갑을 면전에 던지고 칼을 빼어드는 결투는 17세기 후반에 와서야 프랑스를 중심으로 크게 유행했습니다. 재미있는 것은 16세기를 전후해 총과 화포 등이 전쟁에 투입되면서 칼이 무기로서 갖는 의미가 이미 크게 후퇴한 후였다는 점입니다. 따라서 당시에 칼을 빼들고 결투를 한다는 것은 그 자체로 자신이 중세 기사의 이미지를 계승하는 귀족이라는 점을 강조하는 의미가 있었습니다. 그래서 당시 결투에 주로 사용됐던 검은 우리가 펜싱용 검으로 알고 있는 얇고 가느다란 칼인 '레이피어(rapier)'였습니다.

하지만 '장난감 칼'이라고 사람들의 놀림을 사던 이 칼은 의외로 치명적인 무기였습니다. 날이 가늘고 유연하기 때문에 일단 사람의 몸을 찌르면 쉽게 관통해 장기에 손상을 주는 일이 많았기 때문입니다. 그래서 칼을 사용한 결투는 점차 줄어들게 됐습니다.

그렇다고 결투 자체가 줄어든 것은 아니었습니다. 오히려 18세기에 들어서면서 특히 영국의 신사들을 중심으로 결투는 크게 성행했습니다. 현상만 놓고 보면 치안이 더 문란해졌다거나 사적으로 복수할 일이 더 많아진 것이 아닌가 싶지만, 실상은 그 반대였습니다. 부르주아의 성장과 함께 상류층이 확대되면서 새로이 엘리트 계급으로 편입된 신사와 군인은 자신이 상류층임을 끊임없이 확인받고 싶어 했습니다. 전통 귀족들이 지니고 있는 가문이나 재산, 인맥이 없는 상태에서 스스로를 '젠틀맨'이라고 규정짓는 방법은 젠틀맨의 코드에 맞춘 행동을 하는 것이었습니다. 이는 전(前) 세대의 귀족이나 기사들이 하던 행동을 답습하는 것으로 나타났고, 난데없이 결투가 폭증하는 현상이 발생한 것입니다.

이렇게 되면서 무기도 칼에서 피스톨로 바뀌었습니다. 여기엔 여러 가지 이유가 있습니다. 우선 물품의 대량생산이 가능해진 시대에 칼은 아무나 소유할 수 있는 물건이 돼버렸고, 따라서 더 이상 신분을 드러내는 수단이 되지 못했습니다. 물론 귀족학교나 펜싱학교에서 제대로 칼 쓰는 법을 배우지 못한 사람들이 칼로 결투를 하는 데도 한계가 있었습니다.

하지만 무엇보다 칼보다 피스톨이 훨씬 안전한 무기였기 때문입

〈결투〉

러시아 화가 레핀이 푸시킨의 소설『예브게니 오네긴』 중에서 주인공 오네긴과 렌스키의
결투 장면을 그린 삽화입니다(1899년, 일러스트, 39.3×29.3cm, 푸시킨미술관 소장).

니다. 당시 피스톨은 워낙 정확도가 떨어졌습니다. 18세기 런던의 결
투 현상을 연구한 슈메이커(Shoemaker)에 따르면, 칼에 의한 결투에
서는 참가자의 20퍼센트 이상이 사망했고 25퍼센트 정도가 치명적
인 부상을 입은 데 반해, 피스톨에 의한 결투에서는 단지 6.5퍼센트만
사망했고 71퍼센트 이상이 어떤 부상도 입지 않았다고 합니다.[39] 결
투에 입회하는 입회인의 역할도 초기엔 공정한 진행자였다가 시간이
흐를수록 웬만하면 양측을 원만히 화해시키는 것으로 바뀌어갔습니

다. 또한 결투의 폭력성을 억제하고 '신사다움'을 강조하기 위해 결투의 절차들이 세세하게 규정되기 시작했는데, 1777년 만들어진 '아일랜드 결투법'의 경우는 그 조항만 자그마치 26개나 됐습니다.

즉, 18세기의 결투는 표면적으로는 '복수' 그리고 이를 통한 '명예의 회복'을 목적으로 내세우고 있지만, 앞서 살펴본 바와 같이 사회적으로 젠틀맨의 코드로 받아들여지는 가장 낭만적이고 극단적인 행위인, '결투를 하는 나'의 자기 정체성을 확인하기 위한 수단으로 선택되는 양식화된 행위에 가깝습니다. 17세기에 행해지던 칼로 하는 결투 역시 자신의 '귀족다움'을 보여주기 위한 행위였습니다. 신명재판에서의 결투 역시 신의 의지를 현현하는 존재로서 '독실한 믿음을 지닌 우리'를 보여주는 행위였다고 할 수 있습니다. 결투는 늘 복수라는 결과보다는 결투를 한다는 행위 자체가 중요했던 것입니다.

***

다시 복수의 문제로 돌아와, 복수의 목적은 과연 무엇인지 되새겨봅시다. 억울하게 죽은 아버지를 위해, 한 맺힌 혼이 된 아내를 위해, 채다 피어나지도 못하고 저세상으로 간 아이들을 위해 벌이는 복수는 정말 그들을 위한 것이었을까요. 이미 이승에 없는 이들에게 무엇으로 진혼이 되겠습니까. 멀쩡히 살아 있다는 죄책감을 덜고, 무엇인가를 함으로써 내가 그들을 진정으로 사랑했음을 증명하고 싶고, 당한만큼 톡톡히 돌려주는 과정을 통해 공동체를 결속시키고 싶었던 것이 아닐까요. 결국 그 모든 일들은 살아 있는 이들을 위한 것입니다.

사실 복수가 필요한 그 순간은 이미 균형이 깨어지고 불균형이 발생하는 혼돈의 시간입니다. 복수는 그 자체로 분명 사회질서를 어기는 혼돈의 요소이지만, 실은 이미 발생한 혼돈을 살아 있는 이들이 자기 자신으로 살아갈 수 있는 최소한의 어떤 상태로 되돌리려는 의지, 즉 질서를 향한 갈망입니다. 정체성의 문제이기도 하지만, 보다 심각하게는 삶과 죽음의 경계선에 선 중요한 선택이기도 합니다. 이들의 고통에 찬 목소리를 단지 혼돈으로 치부하지 않고 귀 기울여 함께 아파할 수 있는 공동체야말로 진정으로 건강한 질서를 지닌 곳이라 할 수 있을 것입니다.

더 읽어볼 책

이스마일 카다레 지음, 유정희 옮김, 『부서진 사월』, 문학동네

앞서 나온 카눈이라는 개념을 기억하실 겁니다. 이 책의 저자가 바로 알바니아에서 출생하고 자란 인물입니다. 역사에 대한 기억과 체험 그리고 전통적 요소들을 통해 카눈을 본격적으로 다루고 있습니다. 복수가 복수를 부르는 알바니아인들의 비극적인 삶을 묘사하고 있는 소설입니다.

레오폴드 포스피실 지음, 이문웅 옮김, 『법인류학』, 민음사

법 혹은 법적인 현상을 인류학적으로 설명하고 있는 연구서입니다. 다양한 문화권의 법인류학적 자료를 바탕으로, 앞서 언급한 퓨드(fued)의 개념을 반목이라고 번역해 제시하고 있습니다. 그 외에도 법체계의 분류, 형식, 속성 등을 비교인류학 혹은 비교문화론적으로 검토하여 제시하고 있는 책입니다.

혼돈과 질서

6

애플과 안드로이드의 대결

현재 전 세계 모바일 생태계는 애플과 안드로이드로 양분되어 있습니다. 이 둘은 막상막하의 라이벌일 뿐 아니라 그 성격이 판이하다는 점에서도 명확하게 대비가 됩니다. 애플은 하드웨어에서 운영체제, 개별 소프트웨어에 이르기까지 철저하게 통제와 관리를 통해 독자적으로 움직이는 폐쇄적 생태계를 구축하고 있습니다. 반면 안드로이드는 대부분의 기술과 특허를 풀어 어느 제조사든 하드웨어를 만들고 누구나 소프트웨어를 만들어 판매가 가능한 개방적 생태계를 지향하고 있습니다. 이런 대조는 폐쇄적 질서와 개방적 질서의 경쟁, 더 나아가 '통제된 질서'와 '열린 혼돈'의 대결처럼 보이기도 합니다. 승리를 차지하는 것은 과연 누구일까요.

애플,
첫 번째 전쟁

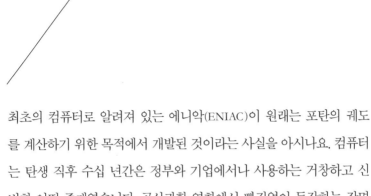

최초의 컴퓨터로 알려져 있는 에니악(ENIAC)이 원래는 포탄의 궤도를 계산하기 위한 목적에서 개발된 것이라는 사실을 아시나요. 컴퓨터는 탄생 직후 수십 년간은 정부와 기업에서나 사용하는 거창하고 신비한 어떤 존재였습니다. 공상과학 영화에서 빠짐없이 등장하는 장면이 있었습니다. 흰색 가운을 입은 연구원들이 왠지 바삐 움직이고, 연구실 벽을 빼곡히 메우고 있는 업무용 컴퓨터에서는 기억장치로 사용되는 커다란 원형 자기테이프가 소리를 내며 돌아가고 있는 모습 말입니다.

이런 컴퓨터를 개인이 소장하고 활용할 수 있는 기기로 개발하여 최초의 상업적 성공을 거둔 회사가 바로 애플(apple) 사(社)였습니다. 1970년대 중반 대학을 중퇴한 완벽주의자 스티브 잡스와 컴퓨터 천재로 불리는 스티브 워즈니악이 만나 차고에서 애플을 창업한 이야기는 이젠 전설처럼 회자되고 있지요. '애플 I'에 이어 '애플 II'가 시장에서 엄청난 대성공을 거두자 기업용 컴퓨터의 선두주자였던 아이

에니악

1946년 미국 탄도연구소의 요청에 의해 펜실베이니아대학에서 존 모클리와 프레스퍼 에커트의 공동 설계와 3년에 걸친 연구로 완성됩니다. 10진수 체계의 전자식 자동계산기로, 진공관을 사용한 최초의 컴퓨터입니다. 개발 당시 무게는 약 30톤, 길이는 25미터, 높이는 2.5미터, 폭은 1미터로, 사용된 진공관과 저항기의 수만 각각 1만8천8백 개와 7천 개였으며, 소요전력이 120킬로와트에 달하는 거대한 기계 덩어리였습니다..

스티브 잡스와 스티브 워즈니악

애플 II

비엠(IBM) 사(社)도 뒤늦게 1981년 개인용 컴퓨터 시장에 뛰어듭니다. 그리고 아예 제품명을 아이비엠 피시(PC, personal computer)라고 붙여버립니다. 현재 가정용 컴퓨터의 일반명사로 사용되고 있는 피시는 사실 아이비엠 컴퓨터를 가리키는 명칭이었습니다. 이렇게 해서 애플의 첫 번째 전쟁, 애플 컴퓨터와 아이비엠 피시와의 전쟁이 막을 올립니다.

컴퓨터 자체를 만든 역사는 훨씬 오래됐지만, 개인용 컴퓨터 시장에서는 후발주자였던 아이비엠이 택한 전략은 '개방'을 통한 호환성의 확보였습니다. 애플은 기본적으로 컴퓨터의 주요 부품인 본체와 모니터, 키보드가 한 덩어리로 붙어 있거나, 프린터, 마우스 등 주변기기들도 모두 자사의 제품만 호환되도록 설계된 독자표준 전략을 쓰고 있었습니다. 하지만 그 기술은 공개하지 않아 다른 업체들이 해당 하드웨어를 생산할 수도 없었습니다. 반면 아이비엠은 하드웨어들을 모두 분리한 후, 표준규격을 정하고 이를 공개하는 전략을 택했습니다. 즉, 키보드, 모니터, 본체 심지어 본체 내부의 메모리나 중앙처리장치(CPU) 등 개별적인 부품들까지 어떤 업체라도 생산할 수 있고, 또 사용자는 필요에 따라 이를 바꿔 구입해 사용할 수 있는 개방성을 채택한 것입니다.

컴퓨터 운영체제 면에서도 역시 애플은 자사 고유의 운영체제를 개발하여 사용하고, 이에 따라 워드프로세서나 스프레드시트[40] 등 각 프로그램들까지 자사의 것만을 사용하도록 했습니다. 뿐만 아니라 운영체제가 업그레이드되면 기존에 사용하던 프로그램마저 사용할 수 없는 상황이 벌어지기도 했습니다. 하지만 아이비엠은 빌 게이

혼돈과 질서

츠가 설립한 마이크로소프트 사(社)로부터 공급받은 운영체제인 도스(DOS)의 불법복제를 방관하다가 아예 무료 공급을 시작해버립니다. 또한 이와 관련된 기술들까지 공개하여 누구나 소프트웨어를 개발할 수 있는 환경도 제공했습니다.

애플 컴퓨터는 아이비엠 피시보다 성능 면에서 훨씬 뛰어났습니다. 특히 글자를 일일이 타이핑하여 명령어를 입력해야 하는 도스에 비해 사용이 편리한 그래픽 사용자 인터페이스(GUI, Graphic User Interface)[41]를 갖추고 있었습니다. 하지만 높은 가격과 낮은 호환성으로 점차 코너에 몰리게 됩니다. 이에 비해 아이비엠 피시는 하드웨어 업체들 간의 경쟁으로 가격도 크게 낮아지고, 활용 가능한 여러 가지 프로그램들도 개발됐습니다. 이러다 보니 전세는 급격히 기울어 1990년대 중반에 이르면 아이비엠 피시와 그 호환제품들이 시장의 90퍼센트를 차지하는 상황에 이르게 됩니다. 결국 창업자인 스티브 잡스가 애플 경영진으로부터 사실상 해고를 당하는 것으로 애플 컴퓨터의 성공담은 막을 내립니다.

이런 배경에 대해 다수의 전문가들은 '독자표준과 공개표준'의 대결, '폐쇄적 생태계와 개방적 생태계'의 전투에서 창의성과 자율성을 존중한 개방적 생태계가 규모의 경제논리와 다양성을 바탕으로 최종 승리했다고 진단합니다. 극단적으로 말하자면, 스티브 잡스의 독선과 아집으로 애플은 고인 물이 되어 썩게 됐다는 것이지요. 사실 1990년대 후반까지만 해도 저 역시 그렇게만 생각하고 있었고, 그대로 애플이 사라져버렸다면 그런 결론이 굳어졌을 가능성이 높습니다.

하지만 애플이 파산 위기에 직면해 있던 1990년대 후반, 스티브

아이팟 패밀리
순서대로 아이팟 셔플(4세대), 아이팟 나노(7세대), 아이팟 클래식(6세대), 아이팟 터치(5세대)

잡스는 복귀합니다. 그리고 아이맥(iMac) 시리즈의 컴퓨터와 엠피스리(mp3) 플레이어인 아이팟(iPot)으로 숨을 돌리는가 싶더니, 2007년 스마트폰의 대명사 아이폰(iPhone)을 출시하면서 상황을 완전히 반전시켜버립니다. 물론 훌륭한 제품들이었기에 성공한 것이지만, 지난 시절 애플의 실패의 원인으로 지적됐던 '폐쇄적 생태계'의 문제는 그대로였고, 어쩌면 더 강화된 상태였습니다. 애플은 하드웨어의 모든 부분을 강력하게 통제하고, 비밀주의와 특허로 꽁꽁 묶어버렸으며, 모든 소프트웨어가 자사의 프로그램인 아이튠즈(iTunes)를 통해서만 기기에 연결되도록 통제했습니다. 사용자는 메모리도 배터리도 교환할 수 없을뿐더러, 기기에 파일을 넣고 빼는 것조차 번거롭게 아이튠즈를 거치거나 복잡한 우회방식을 찾아야 할 정도입니다.

그러나 마치 1980년대 상황의 데칼코마니처럼, 이에 대항하듯

혼돈과 질서

'개방적 생태계'를 표방하는 운영체제인 구글 사(社)의 안드로이드가 등장했고, 치열한 경쟁을 통해 점유율 면에서는 안드로이드가 더 우위를 차지하는 상황에까지 왔습니다.

여기까지만 보면, 애플의 최종적인 운명 역시 1990년대의 상황을 되풀이해야 할 것 같습니다만, 적어도 2016년 현재 시점에서 그런 예상을 하는 사람은 거의 없습니다. 애플의 점유율 40퍼센트는 안드로이드의 51퍼센트보다는 적지만, 단일 회사를 기준으로 볼 때 삼성전자의 20퍼센트를 훨씬 상회하는 최대 규모의 점유율이라 볼 수 있고, 이윤율은 그보다 더 높은 수준이며, 심지어 2015년 아이폰 6의 출시 이후 그 점유율이 더욱 높아지고 있는 상황입니다.

그렇다면 과연 개방적 질서가 폐쇄적 질서보다 더 우월하다고 단정적으로 말할 수 있는 것일까 하는 의문이 듭니다. 돌이켜 생각해보면, 오히려 폐쇄적 질서를 통한 통제와 최적화가 질서의 본질에 더 부합하는 것이며, 1990년대 애플의 실패는 단지 예외적인 상황이었던 것은 아닐까도 싶습니다.

역사의 재구성

—폐쇄 생태계의 실패?

다시 1980년대로 돌아가 애플이 성공과 실패를 거듭했던 과정을 복기해보도록 합시다. 1976년 개인용 컴퓨터 시장을 사실상 처음으로 개척한 애플 최초의 히트작 애플 I은 당시 가장 앞서 있던 인텔 사(社)의 프로세서 모델(i8080) 대신 모토로라 사(社)의 모델(MOS6502)를 탑재했습니다. 가격이 싸다는 것이 가장 큰 이유였으며, 애플 I이 크게 히트할 수 있었던 요인 중 하나도 이런 노력 덕분에 기기의 가격이 일반인들도 접근할 수 있을 만큼 낮았기 때문이었습니다. 지금의 애플이 고수하고 있는 고급 이미지를 생각해보면 의외의 일이긴 하지만, 애플은 애당초 대중을 타깃으로 한 대량 생산품을 제품 포지셔닝의 콘셉트로 삼고 있었습니다.

일반인들의 인식과 달리 애플이 처음부터 폐쇄 생태계를 의도하고 있었는가 하는 점에는 의문이 있습니다. 개인용 컴퓨터의 시장 형성 초기에는 제조사가 얼마 없었기 때문에 애플이 모든 주변기기와 소프트웨어를 한꺼번에 개발할 수밖에 없었습니다. 따라서 비용이나

애플 I

효율성 차원에서 이들이 모두 합쳐진 형태로 디자인된 건 당연한 일이었습니다. 개인용 컴퓨터 시장의 폭발을 가져온 애플 II는 애플 I의 두 배에 해당하는 가격이었지만, 여전히 다른 컴퓨터들에 비하면 싼 가격대에 속하는 제품이었습니다.

실제로 우리가 알고 있는 폐쇄–개방 생태계의 대립이 발생하기 시작한 것은 애플 II의 성공에 자극 받은 아이비엠이 피시를 내세워 시장에 뛰어들면서부터입니다. 잊지 말아야 할 것은 당시 아이비엠은 애플보다 훨씬 큰 규모와 자금 그리고 역사를 자랑하는 대기업이었다는 점입니다. 특히 아이비엠은 하드웨어까지 직접 생산하는 제조사였으며, 이와 관련된 노하우도 애플에 비할 수 없는 수준으로 축적되어 있었습니다. 피시의 각 부품들이 완전히 호환되는 개방형 아키텍처를 설계할 수 있었던 것도 이런 능력 덕분이었고, 여기에 운영체제인 도스를 무료 배포하는 초강수를 둔 것도 개방적 생태계 구축이라는 긍

혼돈과 질서

아이비엠 피시 5150

정적인 평가의 이면에 '대기업의 횡포'였다는 해석의 여지도 상존합니다.

이 중요한 시점에서 애플의 스티브 잡스는 독자성을 더욱 강화하는 방향으로 난관을 돌파하려 합니다. 거대한 피시 진영의 '규모의 경제'[42]가 가동되면서 애플은 더 이상 가격경쟁력을 기대할 수 없게 됐고, 그렇다면 반대로 강력한 기능과 완성도로 높은 가격을 정당화하려한 것입니다. 여기에 스티브 잡스의 그 유명한 완벽주의가 결합하면서 애플의 상황은 더욱 악화됐습니다. 잡스가 꿈꾸는 이상적인 컴퓨터의 모습을 구현하기엔 당시의 기술 수준이 충분치 못했던 것입니다. 디자인을 위해 작은 몸체에 여러 부품들을 잔뜩 채워 넣은 상태에서 "소음을 발생시키는 냉각팬을 달아선 안 된다"는 잡스의 요구에 따르다 보니, 내부발열이 심해져 고장이 잦던 애플 Ⅲ나, 앞선 인터페이스를 구현하겠다는 욕심으로 마우스 클릭을 통해 사용되는 운영체제인 그래픽 사용자 인터페이스를 서둘러 구현했다가 중앙처리장치가 뒷받침하지 못해 너무 느린 속도로 원성을 샀던 애플 리사 컴퓨터가 대표적인 사례였습니다.

이런 상황에 규모의 경제에 따라 저가로 형성된 아이비엠 피시와 확연히 대비되는 초고가 정책이 맞물리면서 일반 대중들은 자연스럽게 애플의 컴퓨터를 외면하게 됩니다. 애플 컴퓨터를 쓰는 사람은 비싼 가격에도 불구하고 애플의 앞서가는 성능과 디자인이 반드시 필요한 전문직 종사자들과 마니아들로 좁혀져갔습니다. 예를 들어, 애플의 선명한 모니터와 앞서가는 소프트웨어의 활용이 작업에 직접적인 영향을 미치는 출판이나 디자인 영역에서 애플은 독보적인 위치를 구축했지만, 이외의 영역들에서는 거의 외면을 받을 수밖에 없었습니다. 몰락의 길은 불을 보듯 뻔했지요.

이렇게 보자면 1990년대 애플의 몰락 원인을 '폐쇄성'에서 찾는 것은 단편적이거나 심지어 과도한 해석으로 여겨지기도 합니다. 당시 상황에서 "개방적이 되라"는 것은 사실상 애플이 독자표준을 포기하고 아이비엠 피시의 표준을 따르라고 강요하는 것이었으니, 오히려 다양성을 배제하는 요구라고 할 수도 있었습니다. 그럼에도 불구하고 애플의 폐쇄성이 호환가능성을 봉쇄하면서 아이비엠 진영에 맞설 규모를 형성하는 데 실패한 것도 분명한 사실입니다. 그런 폐쇄성 때문에 대중들이 애플을 마니아들의 컴퓨터라 인식하게 된 측면도 없지 않습니다. 그렇다면 2007년 아이폰의 등장 이후 역전된 이 상황은 도대체 어떻게 이해해야 하는 것일까요.

```
, inp_array)); }
(a, " ");    -1 < b
);    -1 < b && a.spl
on use_array(a, b) {
(a, b) {    for (var
(var c = -1, d
dynamicSort(a) {
? -1 : c[a] > d[a]
a.length + 1;    }
} else {
c;
val").a()), a.
```

두 번째 전쟁
―애플의 부활과 안드로이드

애플이 진정한 폐쇄적 질서를 구축한 것은 아이폰의 엄청난 성공 이후라고 보아야 할 것입니다. 그 시작은 엠피스리 플레이어인 아이팟에 서부터였습니다. 당시 엠피스리 파일 시장은 급속히 확대되어가고 있었지만, 정작 콘텐츠인 파일 자체는 사용자들이 시디(CD, compact disc)를 구입한 후 다시 변환해서 추출하거나 불법으로 인터넷에서 공유 파일을 다운로드 받는 음성적인 시장을 통해 거래될 뿐이었습니다.

그러나 애플은 하드웨어인 아이팟과 동시에 소프트웨어 차원에서 아이튠즈 스토어를 만들어 여기에서 음악파일을 구입하여 들을 수 있도록 했습니다. 이 아이튠즈 스토어가 이후 아이폰이 등장하면서 스마트폰에서 구동되는 소프트웨어인 애플리케이션(앱)을 거래하는 앱스토어로 확대됩니다. 그리하여 아이팟과 아이폰에서만 구동되는 운영체제(iOS), 여기에서 작동하는 앱들을 판매하는 앱스토어, 아이폰에서 즐기는 콘텐츠들을 거래하는 아이튠즈스토어 그리고 아이폰과 애플 기기들을 사고파는 오프라인 매장인 애플스토어에 이르기까지 모든 단계가 애플에 의해 통제되는 '엔드 투 엔드(end to end)' 시스템, 이른바 '애플 생태계'가 등장한 것입니다.

이에 대응하는 차원에서 구글이 착상한 것은 1980년대 아이비엠이 구상한 전략과 정확히 일치하는 개방형 생태계였습니다. 아이폰 발표와 비슷한 시기인 2007년 10월 발표된 안드로이드 운영체제는 소스가 공개되어 있는 운영체제인 리눅스(Linux)를 바탕으로 하고 있었습니다. 뿐만 아니라 어떤 제조사의 기기에서도 작동할 수 있고, 심지어 각 제조사에서 필요에 따라 프로그램을 변형하거나 추가하는 것도 가능하도록 했습니다. 여기에 안드로이드 소프트웨어 개발 도구를 무료로 배포하면서 안드로이드에 사용될 앱을 개발하려는 개인들

리눅스의 마스코트인 턱스(Tux)

리눅스는 1991년 11월 리누스 토르발즈(Linus Torvalds)가 버전 0.02을 공개한 유닉스 기반 개인 컴퓨터용 공개 운영체제입니다. 유닉스와 거의 유사한 환경을 제공하면서 무료라는 장점 때문에 프로그램 개발자 및 학교 등을 중심으로 급속히 사용이 확대됐습니다. 각종 주변기기에 따라 사용하는 시스템 특성에 맞게 소스를 변경할 수 있기 때문에 다양한 변종이 출현하기도 했습니다(ⓒ Larry Ewing, Simon Budig, Anja Gerwinski).

혼돈과 질서

의 참여도 크게 확대됐습니다.

당연히 수많은 제조사들이 이에 호응해 '개방형 휴대전화 연합 (OHA, Open Handset Alliance)'이 결성됐습니다. 소프트웨어 판매대금 배분방식에 있어서도 개발자가 7할, 애플이 3할을 가져가던 애플의 배분방식 대신, 구글은 한 푼도 가져가지 않고 개발자가 7할, 이동통신사가 3할을 가져가게 함으로써 이동통신사들도 안드로이드에 호의적인 태도를 보이게 만들었습니다. 무료, 개방성, 다양성, 규모의 압박 등 아이비엠의 성공전략 그대로였습니다.

그 결과 실제로 안드로이드 진영의 핸드폰들은 엄청난 다양성과 확장성을 갖게 됐습니다. 화면이 작은 핸드폰, 큰 핸드폰, 가로가 넓은 핸드폰, 세로가 긴 핸드폰, 화면이 휜 핸드폰, 키보드가 달린 핸드폰, 펜이 달린 핸드폰, 아예 사진기 렌즈가 큼지막하게 달린 핸드폰 등 용도와 취향에 따라 선택의 여지가 한없이 넓어졌습니다. 아이비엠 피시가 그랬던 것처럼 가격대도 다양할뿐더러 전반적으로 아이폰에 비해 싼 가격이었습니다. 정리하자면 안드로이드 운영체제란 더싸고, 더 사양이 좋으며, 더 다양하고, 개발자나 소비자 모두 개입 가능성이 높은 막강한 개방형 생태계입니다.

이쯤 되면 누구나 1990년대의 상황이 다시 반복될 것으로 예상할 수 있을 것입니다. 하지만 스마트폰이 등장한 지 약 10년이 흐른 지금까지 여전히 안드로이드 운영체제는 주도권을 잡지 못하고 있으며, 오히려 애플의 견고한 시장지배력이 점점 더 커지고 있는 느낌마저 들고 있습니다. 무엇이 이런 차이를 만들어냈을까요.

스마트폰이 등장한 초기로 시계를 돌려보도록 합시다. 2007년 아이폰의 등장은 전 세계에 엄청난 충격을 가져왔습니다. 많은 사람들이 아이폰을 '최초의' 스마트폰으로 기억합니다. 하지만 아이폰 이전에 이런 폰이 없었던 것은 아닙니다. 휴렛팩커드 사(社)에서 윈도우시이(CE)라는 운영체제를 탑재한 피디에이(PDA)폰을 출시해 상당한 성과를 거뒀으며, 저 역시 대만회사인 에이치티시(HTC) 사(社)에서 개발한 피디에이폰을 2005년 즈음부터 사용하고 있었습니다. 애플에서도 1997년 '뉴튼'이라는 피디에이폰를 개발했다가 처참한 실패를 겪고 시장에서 철수한 경험을 가지고 있을 정도로 피디에이폰은 나름대로 오랜 기간 시장을 형성해온 스마트 기기였습니다.

이런 피디에이폰들과 아이폰의 가장 중요한 차이는 당장 눈에 보이는 기능이라기보다는 기기 자체가 놓여 있는 맥락이었습니다. 피디에이폰은 주로 업무용으로 개발된 기기입니다. 일정관리, 노트, 근거리 통신, 결제 등의 용도로 주로 사용된 사무기기 위주였지요. 한때 택배업을 하시는 분들이 목에 걸고 다니다가 물품을 배달한 후 수령 확인을 위해 서명을 해달라고 할 때 내밀었던 터치스크린 제품들이 대표적입니다.

이에 비해 아이폰은 역시 스티브 잡스에 의해 개발되어 선풍적인 인기를 얻었던 아이팟의 연장선상에 있는 제품입니다. 초기 아이폰의 중요한 판매 포인트는 '전화도 할 수 있는 아이팟'이었을 정도입니다. 아이폰은 처음부터 사무기기가 아닌 엔터테인먼트 기기, 콘텐츠를 소비하는 기기, 말하자면 가전제품으로 포지셔닝된 것입니다.

아이폰은 의외로 최첨단의 하드웨어 사양을 갖춘 제품이 아닙니다. 프로세서도, 메모리도, 다른 하드웨어들도 오히려 최첨단 제품보다는 반걸음 혹은 한걸음 정도 뒤처져 있다고 보는 것이 정확합니다. 하지만 이렇게 '성숙한' 기술은 혹시 발생할지도 모를 에러와 고장의 가능성을 최소화해줍니다. 여기에 철저히 폐쇄된 하드웨어 및 소프트웨어적 환경 하에서 '최적화(optimization)'가 가능해지면서 안드로이드 제품과의 하드웨어적 차이는 상쇄되거나 심지어 역전하는 것이 가능해집니다.

다시 말하자면, 애플은 아이폰을 가전제품이라는 관점에서 접근했습니다. 특정한 용도와 목적 그리고 이에 따른 효율성이 중요시될 수밖에 없는 사무용기기라면, 가격효율성, 사용자의 의도와 용도를 반영할 수 있는 개입의 여지, 다른 기기와의 호환가능성과 확장성 등이 우선시될 것입니다. 하지만 가전제품이라면 말이 달라집니다. 아무도 냉장고나 텔레비전의 기능을 일일이 설정하고 관리하고 싶진 않을 것입니다. 냉장고는 찬 온도를 유지하는 것으로, 텔레비전은 버튼을 눌렀을 때 제대로 방송이 나오는 것으로 충분합니다. 이런 사실이 의미하는 바가 뭔지 아시겠습니까. 사람들은 의외로 게으르다는 것입니다.

애플의 폐쇄성을 비판한 하버드대학 법대 교수인 조너선 지트레인(Jonathan Zittrain)은 「왜 나는 아이패드를 사지 않으려고 하는가」라는 글에서 다음과 같이 말했습니다.

매우 사려 깊고 멋진 디자인이다. 하지만 또한 사용자에 대한 명백한 멸시가 포함되어 있다. 아이들에게 아이패드를 사주는 것은, 이 세상이 자신의 것이며 스스로가 분해해 재조립해야 할 대상임을 깨닫게 해주는 방법이 될 수 없다. 그보다는 배터리를 바꿔 끼우는 단순한 일조차 전문가에게 맡겨야 한다고 일깨워주는 수단이 된다.[43]

이에 대해 잡스는 이렇게 이야기했습니다.

우리가 이런 것들을 하는 이유는 통제광이라서가 아닙니다. 훌륭한 제품을 만들고 싶어서, 사용자들을 배려해서, 남들처럼 쓰레기 같은 제품을 내놓기보다는 사용자 경험 전반에 대해 책임을 지고 싶어서 그러는 겁니다.[44]

이 두 사람의 이야기에서 개방형 질서와 폐쇄적 질서를 바라보는 극단적인 견해 차이가 드러납니다. 지트레인은 사람들이 기본적으로 자율적, 창의적이거나 그렇게 되도록 유도해야 한다고 보는 입장인 반면, 잡스는 모든 것이 완벽한 상태로, 별다른 고민 없이 정해진 방식으로 사용만 하면 되도록 제품을 만들어내는 것이 '책임'이라고 생각합니다. 그리고 지금까지의 핸드폰 시장의 손익계산서는 잡스의 생각이 적지 않은 사람들의 지지를 받고 있다는 점을 보여줍니다. 의외로 많은 사람들이 만들어진 질서대로 수동적으로 사는 것을 원하고 있다는 의미입니다.

중심의 질서,
경계의 혼돈

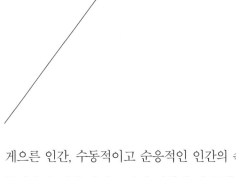

게으른 인간, 수동적이고 순응적인 인간의 속성은 매우 자극적인 표현이지만, 사실 따지고 보면 이렇게 긴 분석과 비유가 필요하지 않을 만큼 당연한 일일지도 모릅니다. 어떤 생명체든 자신의 에너지를 최대한 아끼는 방향으로 활동하는 것이 당연한 삶의 지혜가 아니겠습니까. 그건 게으름이라고 비난하기보다는 '합리적 선택' 혹은 '효율성'으로 칭찬해야 할 행동전략일 수도 있습니다. 꼭 필요한 상황이 아니라면 인간은 굳이 무언가에 대해 학습하거나 개입하거나 참여하려 하지 않습니다. 그러니 심지어 자기 바깥에 이미 거대하게 존재하고 있는 질서에 맞서 싸우거나 이를 변화시키는 거창한 작업에 쉽사리 관심을 갖기는 어려울 것입니다.

이러한 합리적 선택의 전략은 질서와 혼돈의 선호에도 직접적으로 영향을 미치게 됩니다. 질서는 내가 개입하기 이전에 이미 만들어져 있는 어떤 것이거나 내가 굳이 신경을 쓰지 않아도 돌아가는 거대한 수레바퀴입니다. 나는 고민하고 판단하려고 굳이 애쓰거나 나만의 시간이나 노력을 허비하지 않아도 그에 편승해 이점을 누릴 수 있습니다.

하지만 창조적 혼돈은 그 자체로 상당히 '피곤한' 상태입니다. 그 속에선 무엇이 옳고 그른지 고민해야 하고 자신의 가치관과 선호를 점검해야 하며 타인과 어떤 점에서 타협하고 양보할지도 선택해야 합니다. 그러고도 그런 상태가 얼마나 안정적인지 확신할 수 없는 상황에 종종 놓이곤 합니다.

안드로이드와 같은 개방적 생태계의 가장 큰 장점이라고 할 수 있는 다양성과 창의성도 그런 면에서 매력이라기보다는 부담이 될 수 있습니다. 장점과 단점이 혼재하는 다양한 기기들 속에서 나에게 맞는 기기가 어떤 것인지 골라내야 하거니와 그 안정성과 지속성에도 확신이 없습니다. 게다가 기기를 바꿀 때마다 매번 달라지는 화면과 인터페이스와[45] 소프트웨어들의 사용법을 배우고 익히는 것도 엄청나게 피곤한 일입니다. 그냥 쓰던 대로 쓸 수 있다면 굳이 이런 귀찮음을 감수할 이유가 없겠지요. '꼭 필요한 상황'이 아니라면 말입니다.

하지만 애플의 폐쇄적 질서가 성공을 거두는 것이 그 자체로 사람들의 보수성과 질서에 대한 맹목적 선호를 의미하는 것으로 해석되어서는 안 될 것입니다. 오히려 안드로이드 진영이 개방적 질서의 장점인 다양성과 창의성을 바탕으로 '꼭 필요한 상황'을 만들어내지 못한 것이 문제라고 볼 수도 있습니다. 큰 화면, 선명한 화질, 빠른 처리 속도와 네트워크 기능들은 이미 애플 아이폰과 안드로이드폰들 사이에 별다른 차별성을 찾기 어려운 상황이 됐기 때문입니다. 더구나 여러 제조사들의 다양한 기기 스펙에 맞추다 보니 소프트웨어의 안정화, 최적화가 충분치 못한 단점만 남게 되어 더 높은 하드웨어 사양, 더 낮은 가격에도 애플에 밀리는 결과가 돼버린 것입니다.

이는 핸드폰이 주로 비즈니스맨들이 사용하는 사무용 기기에서 누구나 사용하는 가전제품의 위상으로 개념이 이동하면서 더 이상 다양성과 창조성이 핵심요소로 부각되지 못하는 상황이 돼버렸기 때문은 아닐까 생각합니다.

저는 이를 '질서의 중심과 주변'으로 개념화하여 설명해보려 합니다. 우선 우리 삶의 영역을 이렇게 한번 재구성해보겠습니다. 사람들이 자주 활용하며 살아가는 데 반드시 필요한 부분인 '중심(core)' 영역, 그리고 상대적으로 그 활용 빈도가 떨어지되 전문성 수준은 고도화된 '주변(border)' 영역으로 말입니다. 중심과 주변이란 구분이 중요성에 따른 것은 아닙니다. 그보다는 삶의 안쪽으로 밀려들어와 이미 일상으로 편입된 영역과 새로이 그 범위를 확장해가는 영역 사이의 구분으로 보는 것이 타당합니다.

중심 영역은 사람들이 일상을 구성하는 영역이므로 안정화와 예측 가능성에 대한 요구수준이 높습니다. 기기로 치자면, 우리가 가전제품으로 분류하는 선풍기, 냉장고, 세탁기, 텔레비전 등이 중심 영역에 해당할 것입니다. 반면 첨단기기라 불리는 전자책, 스마트시계, 3D 프린터 등이 주변 영역에 속할 것입니다.

주변 영역은 우리의 삶이 위치한 곳의 가장자리를 넓히는 역할이 중요합니다. 그곳에선 더욱 다양하고 창의적이며 도전적인 시도들이 가치 있게 여겨지며, 그 과정에서 수반되는 불확실성은 감내하고 극복되어야 할 과제로 설정됩니다. 이른바 개방적 질서가 소용되는 곳

전자책, 스마트 시계, 3D 프린터

이지요. 그 질서 하에서 혼돈은 배제되어야 할 악덕이 아니라 확장의 원천으로서 가치를 인정받을 수 있을 것입니다.

반면 중심 영역은 이미 우리가 일상의 근거로 삼고 있는 시스템이며, 이 부분에 어떤 불안요소가 존재하는 것은 심각한 문제로 받아들어집니다. 예를 들자면 도로의 일부가 갑자기 꺼져버리는 싱크홀 현상이 그렇습니다. 피해의 규모가 그리 크지 않음에도 불구하고 싱크홀이 사람들에게 큰 충격을 주는 까닭은 '당연히' 안전해야 할 멀쩡한 도로에 갑자기 문제가 발생했기 때문입니다. 삶의 중심 영역에 발생한 불안요소이기 때문에 이는 매우 심각한 문제가 되는 것이지요.

삶의 중심과 주변은 서로 긴밀하게 연관돼 상호작용을 해나갑니다. 주변부의 도전과 변화는 중심부로 확산되어 삶의 조건들을 변화시킵니다. 스마트폰이 첨단 사무기기의 영역에서 탄생해, 이젠 초등학생

혼돈과 질서

싱크홀

도 들고 다니는 생활필수품이 된 과정이 그랬습니다. 절대로 변할 것 같지 않던 가전의 영역에서도 네트워크 기능이 내장된 냉장고나 스마트티브이, 퍼지세탁기 등 새로운 제품의 변화가 일어나고 있습니다. 최근 전 세계적으로 관심의 대상이 되고 있는 전기 자동차 그리고 이보다 더 근본적인 변화를 시도하는 수소 자동차들 역시 개방성을 바탕에 둔 창의적 시도들이 사회 전반에 걸쳐 새로운 질서를 만들어내고 있는, 과도기를 보여주는 사례들이라고 할 수 있을 것입니다.

늘 그랬듯이 혼돈과 질서는 서로 손을 맞잡고 마주보는 형제와 같은 존재입니다. 그 순환관계에서 공동체는 더 건강해집니다. 질서가 갖는 중요성은 새삼 강조할 필요가 없겠지만, 혼돈이 보장하는 창의성과 다양성 또한 사회를 유지하는 핵심적인 요소입니다. 애플의 부침을 역사적으로 살펴보면, 폐쇄적 질서와 개방적 질서는 늘 싸우고 서로 상대를 배제하기 위해 경쟁해온 것처럼 보입니다. 하지만 보다 큰 그림에서 보자면, 1980년대와 1990년대 애플과 맞서는 아이비엠 피시, 2000년대부터 현재까지 아이폰과 맞서는 안드로이드의 구도는 그 자체로 생태계 전체에 '다양성'을 부여하며 더 큰 발전을 가능케 했습니다. 다양성은 언제나 옳습니다.

더 읽어볼 책

월터 아이작슨 지음, 『스티브 잡스』, 안진환 옮김, 민음사

공식적으로는 스티브 잡스가 직접 참여한 것은 이 자서전이 유일하므로, 그가 스스로가 느낀 인생에 대해 조금이나마 더 자세하게 알 수 있다고 생각되는 책입니다. 휴대폰은 그토록 얇게 만들고 싶어 했던 잡스가 자서전은 무려 천 페이지에 달하는 볼륨으로 만든 것이 우습기도 하지만, 애플의 역사와 잡스의 생각을 더 알고 싶으신 분께 추천 드립니다.

7

쥬라기 공원
그리고
해적의 경우

2014년 12월, 한 고등학생이 재미동포 신은미 씨의 토크 콘서트 현장에서 번개탄에 황산을 섞은 인화물질에 불을 붙여 연단으로 던지는 사건이 발생했습니다. 인종적, 종교적 증오범죄의 무풍지대로 여겨졌던 우리나라에서, 더구나 고등학생이 테러를 저질렀다는 것 때문에 많은 사람들이 충격에 빠졌습니다. 이 사건의 범인은 체포된 후 범행동기를 묻는 질문에 "사람들을 다치게 할 생각은 없었다. 인생의 목표가 필요했다"고 대답했습니다. 이 학생은 실제로 사건을 저지르기 며칠 전 인터넷 게시판에 인화물질 사진을 올리면서 "드디어 인생의 목표를 발견했다"는 글을 달아놓기도 했습니다. 그것이 어떤 것이었든, 심지어 커다란 사회적 불이익과 처벌을 각오하고서라도 방향성을 갈구하는 이 마음은 질서를 통한 안정감 너머의 탐욕처럼 보이기도 합니다. 왜 인간은 이렇게 질서에 집착하는 걸까요.

믿어라! 설령 그것이
믿지 못할 것이라도…

혼돈과 질서에 관한 이 책을 집필하는 과정에서 자료조사를 도와준 학생과 한담을 나누던 중 로또에 관한 이야기가 나왔습니다. 학생의 부모님은 습관처럼 매주 로또를 구입하시는데, 재미있는 건 절대로 번호를 자동으로 배정받는 것이 아니라 매우 신중하게 이런저런 '법칙' 들을 따져 계산하신다는 것이었습니다. 아들이 아무리 그런 거 다 미신이고 과학적 근거가 없다고 말씀드려도 두 분 모두 너무 진지하신데다 주변에 그렇게 생각하는 사람들이 적지 않아서 공부도 하고 전문적으로 번호를 알려주는 사이트에 회원으로 가입해서 활동도 하신다고 합니다. 그래서 재미있는 현상이다 싶어 조사를 부탁했습니다.

조사결과는 풍문으로 듣는 것보다 더 놀라웠습니다. 2014년 1월 기준으로 기업형 로또 정보업체가 5개 내외, 조합번호를 제공하는 홈페이지만 100개가 넘었고, 2015년 7월 기준으로 포털 사이트를 검색해보면 그 수는 더욱 늘어나 홈페이지가 194개, 스마트폰 시대에 발맞춘 어플리케이션도 두 종이 출시되어 있었습니다. 정보제공 업체

중에서 가장 큰 규모인 한 업체는 회원수가 150만명에 유료 회원수만도 10만명이었습니다. 2012년 기준으로 매출은 131억원, 영업이익이 33억원 수준에 달한다고 합니다.[46]

따지고 보면 로또는 인간이 최선의 노력을 기울여 만들어낸 가장 '무질서(랜덤)한' 행위입니다. 당연히 그래야만 사람들이 '운'에 기대어 복권을 사고 배팅을 할 수 있기 때문입니다. 그러니 인간은 스스로 최선을 다해 무질서하게 만들어놓은 시스템에서조차 어떻게든 질서를 찾기 위해 안간힘을 쓰고 있는 셈입니다. 도대체 왜 우리는 이렇게 질서에 집착하는 것일까요.

마이클 셔머는 인간이 '패턴화'에 집착하는 이유가 그것이 생존에 유리하기 때문이라는 가설을 제시합니다.[47] 어떤 것이 다른 어떤 것과 관련되어 있다고 생각하는 편이 관련되어 있지 않다고 생각하는 것보다 더 안전하다는 것입니다. 예를 들어 사냥에 나선 원시인의 입장에서 갑자기 풀숲에서 부스럭거리는 소리가 나면 별일 아닐 거라고 생각하는 것보다는 '이런 소리를 내는 건 보통 사자? 아니면 호랑이? 도망치는 게 낫겠다'라고 상상하고 이와 연관 지어 패턴화된 행동을 하는 것이 아무래도 위험을 감소시키고 생존확률을 높이지 않겠습니까.

게다가 실제로 몇 번 이렇게 위험을 피하는 경험을 하고 나면, 이제 그 경험은 학습되고 전승되는 지식의 형태로 믿음을 얻게 됩니다. 사실 이런 과정에서 '왜'나 '어떻게'와 같은 물음은 오히려 부차적입니다. 살얼음판을 걷듯 불안한 상황에서 원인이 무엇이었든 좋은 결과를 가져온 행동은 반복하는 것이 당연한 것입니다. 따라서 후대에게 이런 행동을 반복하도록 하기 위해서는 신화가 됐든 학문이나 과학이 됐든 설명의 방식은 그리 중요하지 않습니다.

　물론 이런 행동들이 생과 사에 직접적인 영향을 주지 않는 문제들이라면, 그리 강한 집착을 보이진 않을 것입니다. 다시 말해 매우 불안정한 상태에 놓인 인간일수록 패턴화에 집착하게 됩니다. 셔머는 이와 관련해 야구의 예를 들어 설명하고 있습니다.

　스포츠선수들은 대개 크고 작은 징크스를 갖고 있게 마련이지만 특히 야구선수들이 징크스에 많이 신경을 쓴다고 합니다. 재미있는 것은 외야 수비를 나갈 때는 그리 징크스에 신경을 쓰지 않는데 타격을 위해 타석에 설 때는 온갖 징크스에 시달린다고 합니다. 셔머는 그

야구선수 징크스

한국 프로야구에서 가장 유명한 징크스는 삼성라이온즈 박한이 선수의 것입니다. 그는 공하나마다 헬멧을 다시 쓰고, 장갑 손목 부분을 다시 조이며, 배트로 바닥에 선을 긋는 등 일련의 동작을 새로 합니다. 심지어 헬멧을 쓰는 방법조차 정해져 있어서 헬멧 안쪽 부분이 얼굴에 닿을 듯 바짝 앞으로 붙이면서 정교하고 정성스럽게 머리에 끼웁니다. 이 동작들은 과거 한 세트에 총 24초가 소요되기도 했습니다. 몇 년 전부터 프로야구에 '12초룰'이 도입이 됐음에도 동작 중 어느 것 하나도 뺄 수 없어서 결국 12초 안에 압축해서 다 끝낼 수 있게 같은 루틴 안에서 동작 하나하나에 좀 더 속도를 붙이게 됐다고 합니다.

이유를 외야 수비의 경우 실수할 확률이 그리 높지 않아서 불안감이 낮은 편인 반면, 열 번 타석에 서도 세 번 안타를 치기 쉽지 않을 정도로 성공확률이 낮은 타격의 경우 그 불안감 때문에 패턴화에 대한 동기가 강해지는 것이라고 해석합니다. 여러 교통수단 가운데 항해를 하는 뱃사람들이 유독 온갖 종류의 터부와 징크스들을 가지고 있는 것도 항해가 매우 위험하고 불안한 일이었던 과거의 경험에서 비롯한 것이라고 볼 수 있을 것입니다.

문제는 이런 패턴화나 질서에의 집착이 인식과 행동에 심각한 오류를 가져올 수 있다는 것입니다. 상황이 변화되어 더 이상 과거의 패턴화된 행동이 의미가 없거나 오히려 해를 가져올 수 있는 상황에서도 한동안 과거의 행동을 지속적으로 반복하는 '전환지체(change over delay)'가 발생하는데, 인간은 다른 동물에 비해 그 지체기간이 훨씬 긴 편이라고 합니다.

심지어 그런 믿음은 환상을 만들어내기도 합니다. 흐릿한 영상을 점점 선명한 영상으로 바꾸어가면서 뭐가 보이는지 묻는 실험에서 종교적 믿음이 강한 사람들은 더 불분명한 상태에서 자신들이 뭔가를 봤다고 주장하고, 그래서 틀리는 경우가 더 많다고 합니다. 질서에 대한 믿음이 강할수록 오류의 가능성도 더 높아지고, 게다가 믿음이 있는 사람은 그 믿음에 따라 더 과감하게 행동한다니 왠지 기분이 오싹해지지 않나요.

그렇다면 인간이 이토록 질서를 갈구하는 이유는 뭘까요. 그것은 최종적으로 '불안한 상황'에 놓인 인간들이 자신의 상황을 충분히 이해하고 예측하는 동시에 그 상황을 '통제'하고 싶기 때문이라고 할 수 있을 것입니다.

통제의 욕망은 패턴화를 통한 질서의 가장 궁극적인 목표입니다. 인간이 스스로의 삶은 물론 주위 환경까지 원하는 대로만 만들어나가려는 욕망은 로또 예측이 불가능하다는 것을 알려주는 모든 증거들을 차단해버립니다. 이는 나아가 내가 본 것이 착각이었다는 분명한 사실로부터도 눈을 가려서 단지 믿음의 체계 안에서 모든 것이 완벽해지는 종교적 아집, 즉 도그마(dogma)에 빠져들게 합니다. 로또법칙이 제대로 된 예측을 할 수 있는 게 아님에도 그들은 단지 '아직' 완전하지 못할 뿐이라는 자세입니다. 즉, 충분한 데이터와 연구가 더해지면 언젠가는 숨겨진 법칙을 발견하고, 결과를 통제할 수 있게 된다는 것이죠. 하지만 과연 그럴까요.

공룡을 통제하겠다고요?
절대로 안 될 걸요

1993년 스티븐 스필버그가 만든 영화 〈쥬라기 공원〉은 오래전에 멸종된 공룡을 유전자 복제를 통해 부활시켜 테마파크를 만든다는 참신한 스토리로 전 세계적으로 엄청난 흥행을 기록했습니다. 영화 도입부에서는 개장 직전의 테마파크를 점검하기 위해 여러 전문가들이 쥬라기 공원을 방문하는 장면이 나옵니다. 그중 매사에 삐딱한 수학자인 말콤은 "이 공원은 실패할 수밖에 없다"는 비관적인 말을 반복합니다. 현대과학의 성과에 흥분한 고생물학자 새라가 그렇게 생각하는 이유를 묻자 그는 물컵을 가져다 새라의 손등에 물방울을 떨어뜨리며 묻습니다.

> 말콤: 자, 이 물방울이 어디로 흐를까요? 뒤쪽으로 흐르네요. 자, 그럼, 다시 한 방울을 떨어뜨리면 어떻게 될까요? 아까처럼 뒤로 갈 거라고요? 이번엔 옆으로 흐르네요. 왜 그런지 아시겠어요? 바로 당신의 손등에 난 털과 혈관, 혈관 속을 흐르는 피, 균질하지 않은 피부표

면 등이 절대로 반복되지 않는 매우 복잡한 상태를 만들기 때문이죠. 이게 뭘 의미하는지 아시겠어요?

새라: 예측이 불가능하겠네요.

영화 〈쥬라기 공원〉은 마이클 클라이튼이 쓴 원작소설을 바탕으로 만든 것입니다. 다양한 소재들을 철저하게 취재하여 탄탄한 스토리를 짜는 것으로 유명한 그는 특히 과학 관련 소재들을 많이 다룹니다. 〈쥬라기 공원〉도 대중의 관심을 끈 것은 공룡이었지만, 사실 마이클 클라이튼이 주목했던 것은 당시 가장 각광받는 과학이론이었던 '카오스 이론'[48]을 이야기로 풀어내는 것이었습니다.

카오스, 이 책의 첫머리에 언급했던 바로 그 신화 속의 단어, '혼돈'입니다. 수학과 과학은 이 세계에 어떤 규칙성이 존재하고 있으며, 우리가 그것을 충분히 알고 이해한다면, 현상을 예측하고 더 나아가

영화 〈쥬라기 공원〉의 스틸 커트

혼돈과 질서

통제하는 것이 가능하다는 생각을 전제로 하고 있습니다. 가장 객관적이고 재현 가능한 형태의 지식을 추구하는 과학은 그래서 우리가 아는 한 가장 확실하고 신뢰할 만한 지식을 총칭하는 용어로 받아들여지고 있습니다. 사회과학이란 학문 분야처럼, 자연이 아닌 인간을 대상으로 하는 학문에 '과학'이라는 어휘를 덧붙여 함께 쓰는 까닭은 비록 예측이 어려운 인간현상을 대상으로 하고 있지만, 이 역시 주관적이고 가변적인 지식이 아님을 강조하려는 사회과학자들의 의지가 반영된 것이라 볼 수도 있습니다.

그렇다면 과연 수학이나 과학은 우리가 사는 세상에 대해 그토록 확실한 지식을 제공할 수 있을까요. 예를 들어봅시다. 1에다 1을 더하면 2가 된다는 것은 누구나 알고 있는 상식입니다. 하지만 물방울 하나에 또 다른 물방울을 더하면 둘이 아니라 다시 하나가 되지 않나요. 이런 흔한 궤변에 다시 제기되는 반론은 "개수로는 1이지만 결과적으로 물의 부피가 두 배가 됐으므로 2라는 답에는 변함이 없다"는 것입니다. 하지만 다시 생각해봅시다. 우리가 1 더하기 1을 물었을 때 우리는 개수를 묻는 걸까요, 부피를 묻는 걸까요. 서로 다른 모양과 크기의 연필 두 자루가 있을 때, 우리가 '두 자루'라고 하는 것은 부피를 고려해서 두 배라고 하는 것이 아니지 않나요. 그렇다면 여전히 물방울의 사례는, 즉 1 더하기 1이 2가 아닐 수도 있다는 것은 유효한 진실이 아닐까요.

카오스 이론은 수학이나 과학이 확실한 지식을 제공하여 예측과 통제를 가능케 할 것이라는 기본 전제에 의문을 제기합니다. 자연현상은 너무나 복잡다단한 여러 요소와 변인들이 한데 뒤엉킨 '복잡계'이기 때문에 이를 예측하는 것은 거의 불가능합니다. 따라서 만약 예측을 하려 한다면, 과학이 복잡한 세계의 풍부한 다양성들을 걸러내 일부의 조건만으로 구성된 가상의 조건을 만들었을 때만 비로소 가능하다는 것입니다. 환언하자면 카오스 이론은 우리가 어떤 현상을 이해하고 예측하며 통제하는 일에는 근본적인 한계가 있음을 지적합니다.

이에 관한 메타포로 가장 유명한 것은 과학서적으로서 보기 드문 성공을 거두며 카오스 이론에 많은 사람들의 관심을 끌어모았던 책 『카오스』에서 제임스 글리크가 예로 든 '나비효과(Butterfly Effect)'입니다. 미국의 기상학자인 에드워드 로렌츠가 1961년 기상관측을 하다가 생각해낸 원리로 브라질 나비의 날갯짓 한 번이 미국 텍사스에 토네이도를 발생시킬 수도 있다는 설명입니다.[49] 이 비유가 유명해지면서 일반인들은 나비효과를 "작은 실수가 큰 재앙으로 이어질 수도 있으니 조심하자"라는 식의 '인과관계의 연속'으로 오해하는 경우도 많아졌습니다.

나비효과가 실제로 의미하는 바는 이와 정반대입니다. 즉, 한 번의 나비의 날갯짓처럼 매우 미소한 규모의 초기 소선의 변화가 장기적으로 엄청난 차이를 만들어낼 수도 있으므로, 이런 현상들을 예측하거나 심지어 통제하는 것은 사실상 불가능하다는 것이 복잡계 이론이 의미하는 바입니다. 영화 〈쥬라기 공원〉에서 카오스 이론 전문가인 말콤 박사가 물방울 실험을 통해 설명하려는 바 역시 생명현상은 자연계의 현상 가운데서도 가장 복잡한 것이므로 완벽한 예측과 통제가 본질적으로 불가능하고, 따라서 공룡들을 통제하여 테마파크를 만들려는 인간의 오만한 시도는 언젠가는 한계를 드러내, 필연적

혼돈과 질서

으로 사고로 이어질 것임을 경고하는 내용이었습니다. 영화에서는 그 시기가 박사의 예측보다 훨씬 빨라서 그 자신도 재앙의 한복판으로 끌려들어가게 되지만요.

하지만 카오스 이론에 근거한 '필연적 재앙'을 설명하려는 마이클 클라이튼의 의도와는 달리, 스티븐 스필버그가 만든 영화판 〈쥐라기 공원〉에서 재앙은 그런 필연적 결과라기보다는 공원 시스템을 설계한 담당자의 탐욕과 실수 때문에 벌어지는 것으로 묘사됩니다. 왜냐하면 그런 식의 이해가 일반인들의 정서에 더 잘 들어맞기 때문입니다. 사람들은 어떤 사고가 발생하면 그것이 원래 과학기술이 지니고 있었던 한계에 의한 것이 아니라 만들고 운영하는 사람들의 실수나 고의적인 부정과 비리 때문에 벌어진 '인재(人災)'일거라고 생각하는 경우가 많습니다.

1986년 승무원 7명을 태우고 날아오른 미국 우주왕복선 챌린저호가 공중에서 폭발하는 비극적인 사건이 발생했을 때, 역시 사람들은 '누구의 잘못인가'를 찾아내는 데 골몰했습니다. 조사 결과 발사 전날 밤 열린 회의에서 기온이 낮아 문제가 발생할 수 있으므로 발사를 연기해야 한다고 주장한 엔지니어가 있었음에도, 이미 여러 차례 발사가 연기되어 압박을 받고 있던 항공우주국의 관료들이 발사를 강행했다는 사실이 밝혀졌습니다. 챌린저호의 비극 역시 성과주의, 관료주의에 물든 사람들에 의한 '사고'였다는 것입니다.

하지만 이후 이 사건을 연구한 학자들은 이런 설명에 문제가 있음을 지적합니다. 다이앤 본은 저서 『챌린저호 발사 결정』에서 당시의 결정과 관련된 20만 쪽이 넘는 방대한 공식 조사문건들을 분석했습

챌린저호의 폭발순간과 7인의 승무원

니다. 그 결과 추운 날씨에도 불구하고 챌린저호를 발사하기로 한 결정이 당시의 공학적 자료나 이전까지의 안전규정에 비추어볼 때 매우 '정상적'인 결정이었다는 결론에 도달했습니다.[50] 챌린저호의 폭발원인이었던 추위로 인한 로켓밀폐용 고무링의 수축현상도 기술자들이 이미 알고 있는 사실이었습니다. 수많은 실험을 통해 당시 그 정도 추위에는 별 문제가 없다는 결론에 도달해 있었으며, 발사를 반대했던 엔지니어도 이를 반박할 자료를 제시할 수 없었기 때문에 발사결정은 뒤집어질 수가 없었던 겁니다. 그러니 챌린저호의 발사결정은 매우 정상적인 의사결정과정을 통해 이루어진 것이라고 할 수 있습니다.

이런 결과는 우리가 아무리 애를 써도 예측하거나 통제할 수 없는 거대한 불확실성이 필연적으로 존재한다는 것을 받아들여야 한다는 매우 혼란스러운 결론으로 이어집니다. 자연은 애초에 우리가 마음대로 다스릴 수 있는 단순한 대상이 아닌 것입니다.

이러한 깨달음에 근거해 제리 라베츠와 실비오 푼토비츠는 '탈정상과학(post-normal science)'의 개념을 주창합니다. '정상과학(normal science)'는 우리가 과학에 대해 흔히 갖고 있는 이미지인 확실한 지식 체계로서의 과학, 과학자 공동체의 과학적 탐구활동을 통해 확인되고 공유되는 패러다임으로서의 과학을 의미합니다. 이에 반해 라베츠와 푼토비츠는 카오스 이론을 바탕으로, 인간이 세상을 완벽하게 이해하고 예측하며 통제하는 게 사실상 불가능하다고 주장합니다. 그래서 과학의 불확실성과 불완전성을 인정하는 탈정상과학적 태도를 지녀야 한다고 주장하게 되는 것이지요.

특히 현대로 접어들면서 정보가 불확실한 상황에서도 무언가 빨리 결정을 내려야 하고, 그 결정이 과거보다 훨씬 많은 사람들에게 심대한 영향을 미칠 수 있는 상황이 잦아지고 있습니다. 예를 들어, 환경, 유전자변형식품, 원자력 발전과 핵폐기물 처리 등의 문제는 현재 우리가 알고 있는 과학지식만으로 그 안전여부를 판단하기가 벅찰 수도 있습니다. 만약 잘못됐을 경우 그 피해가 감당할 수 없을 만큼 큰 심각한 문제들이기 때문입니다.

탈정상과학을 주장하는 이들은 "과학이 모든 것을 확실히 알 수는 없다"는 겸허한 가정에서 시작해, "그렇기 때문에 과학에 모든 판단을 맡기는 것은 위험할 수 있다"는 사실을 인식합니다. 그래서 결정과 판단의 주체를 과학전문가 공동체에서 일반 시민과 이해집단들을 포함한 '확장된 공동체'로 확대해야 한다고 주장합니다. 이렇게 되면 의사결정의 과정은 실험과 데이터를 통해 이미 존재하는 확실한 진리나 법칙을 발견하는 것이 아니라 다양한 집단 간의 의견을 조정하고 대화와 타협, 설득과 같은 정치적 과정을 통해 합의에 이르는 것으로 바뀌게 됩니다. 이런 과정을 라베츠와 푼토비츠는 "과학기술의 민주화"라고 표현하기도 했습니다.[51] 과학의 영역에서조차 확실한 지식, 이를 통한 확실한 이해와 예측, 통제라는 것이 그대로 받아들여지기 어려우며, 자칫 심각한 위험을 초래할 수도 있기 때문에 이를 경계해야 한다는 목소리가 커지고 있는 것입니다.

그리고 해적의 경우
—악당은 누구인가

이제 질서에 대한 열망과 집착에도 불구하고, 애초에 인간이 현상을 이해하고 예측하며 통제하는 데는 근본적인 한계가 있다는 점은 충분히 이해하셨을 겁니다. 하지만 여전히 우리는 어떤 대상이나 현상에 대해 '질서 있는 상태'와 '혼란한 상태'를 확실하게 구분할 수 있다고 생각합니다. 따라서 예측과 통제까지는 아니더라도 '나쁜 상태'로서 혼돈을 지양하고 '좋은 상태'인 질서를 지향하는 것은 가능하며, 누구나 여기에 동의한다는 것입니다. 그렇다면 과연 우리는 무엇이 질서인지 쉽게 판단해낼 수 있을까요.

무질서한 삶을 대표하는 일명 '무법자' 가운데 가장 거친 이미지로 널리 알려져 있는 것은 아마 '해적'일 것입니다. 애꾸눈에 땟국에 절은 두건, 몇 년쯤 깎지 않은 것 같은 턱수염에 한 손엔 무시무시한 긴 칼, 다른 한 손엔 럼주가 담긴 술병을 들고, 음침한 웃음을 흘리며 선량한 사람들에게 마구 칼을 휘두르는 바다의 무법자. 뿐인가요. 되는 대로 사는 인생의 실패자 같은 해적의 이미지는 여러 소설과 영화

해적 이야기를 담은 책들의 삽화

를 통해 대중들에게 깊이 각인돼 있습니다. 하지만 해적의 실제 삶을 문화사의 차원에서 깊이 들여다본 최근의 연구 성과들은 그런 이미지의 상당 부분이 잘못 만들어진 신화임을 알려주고 있습니다.

원래 뱃일이라는 것이 그 자체로 극한노동에 가깝습니다. 항해술이 상당히 발전한 지금도 해상사고는 그리 드문 일이 아닙니다. 하물며 위성항법장치도 성능 좋은 디젤엔진도 없이 나무로 만든 배에 몸을 싣고 나침반과 경험에만 기대어 대양을 건너야 했던 당시 사람들에게, 바다로 나간다는 것은 이미 목숨을 내놓고 돈을 버는 일과 마찬가지였습니다.

지친 몸을 누일 공간조차 변변치 못한 상황에다 식량과 물은 부족했고, 쉴 새 없는 고된 노동에 시달리면서 몇 달이고 몇 년이고 갇혀 지내야 하는 선상생활은 지옥과 같았습니다. 더 심각한 것은 이런 상황에서 규율을 유지한다는 명목 하에 지속적으로 가해지는 폭력과 생명에 대한 위협이었습니다. 사소한 이유로 돛대에 매달려 채찍질을 당하는 일은 다반사였고, 심지어 살해 당해 바다에 수장되어도 육지의 사람들에게는 파도에 쓸려갔다거나 병사했다고 하면 그만이었습니다.[52]

게다가 선주들은 이런 상황에서도 선원들의 임금을 깎거나 체불하는 방식으로 자신들의 이익을 채우려고 했습니다. 때문에 선원들은 이런 부당한 대우에 단체로 항의하고, 출항을 막기 위해 돛을 찢고 돛대를 꺾어버리는 파괴행위(strike)를 벌이기도 했습니다. 현재 노동자들이 요구조건을 관철하기 위해 벌이는 '파업'이 바로 여기에서 온 단어입니다.

상황이 이렇다 보니 새로 선원을 모집하는 것은 아주 힘든 일이라서 죄수들을 동원하거나 어수룩한 사람들을 속여서 배에 태우고, 심지어 항구도시의 거리에서 아무나 납치해 배에 태우고 출항해버리는 일도 비일비재했다고 합니다. 그러니 이렇게 끌려온 사람들, 자발적으로 배에 탔다 하더라도 도저히 인간적으로 받아들일 수 없는 생활과 부당한 대우에 질려버린 사람들이 반란을 일으키거나 달아날 생각을 하는 것도 어떻게 보면 당연했습니다. 반란을 일으켜 배를 빼앗거나 배에서 달아나 이들에게 합류한 사람들이 할 수 있는 일은 빼앗은 배를 가지고 다른 배를 습격해서 물건을 빼앗거나 몸값을 받아내는 것뿐이었습니다. 이렇게 탄생한 것이 '해적'입니다.

해적의 생활사에 관한 연구에서 가장 인상적인 인물이 바로 웨일스 출신으로 18세기에 활동한 해적 바르솔로뮤 로버츠의 사례입니다. 그는 노예상인으로 활동하다가 당시 하웰 데이비스라는 해적에게 납치돼 해적이 되기를 강요 당했고, 그의 사후 선장으로 추대됩니다. 대서양 곳곳을 누비며 해적질을 벌였고, 뛰어난 항해술과 엄격한 규율 그리고 탁월한 지도력으로 악명을 떨치며 당시 유럽을 공포에 떨게 만들었습니다.

카리브해 연안의 해적들에 관한 자료를 수집해 연구한 결과를 담은 한 책에서는 로버츠의 해적들이 매우 체계적이고 질서정연한 조직을 갖추고 있었으며, '민주적'이라고까지 평가할 수 있는 의사결정 구조를 지닌 사례로 언급됩니다.[53] 해적들은 모두 기존 사회와 제도로부터 도망친 사람들이었기 때문에 권위와 폭력을 극도로 혐오했습니다. 그래서 오히려 「해적규약」이라는 매우 상세한 규정을 갖추고,

　　　　　　　　　　　　　혼돈과 질서

바르솔로뮤 로버츠

모든 중요한 의사결정을 평등주의에 입각해 회의와 토론, 투표로써 결정했다는 것입니다.

일반적인 영화 속 이미지와 달리, 해적의 세계에서 선장은 단지 배를 좀 더 잘 운영하는 기능직에 가까웠고, 혹시라도 그가 전횡을 부리지 않도록 조타수가 견제권을 갖거나 위원회를 구성해 그의 권한에 제한을 가하기도 했습니다. 단순한 생활규약, 행동지침뿐 아니라 약탈물을 평등하게 나누는 분배규정도 있었고, 심지어 상해를 당했을 때를 대비한 상해보험이나 노령보험까지 갖추고 있었다니, 이쯤 되면 도대체 어디가 문명사회고 어디가 무법사회인지 구분이 되지 않을 정도입니다.

물론 이런 해석이 해적의 실상을 지나치게 미화한 것이라는 비판도 있습니다. 「해적규약」이나 여러 제도들에 관한 서류가 남아 있다고 해서 실제로 그들의 삶이 그렇게 민주적이고 질서정연했을 것이라고 생각하는 것은 착각이라는 것입니다. 하지만 분명한 것은 '합법적 선원'과 '해적'의 삶이 그렇게 분명하게 '선과 악' 또는 '질서와 혼돈'으로 구분되긴 어렵다는 것입니다.

이런 혼란은 해적선의 등장 자체가 원래 제도적 인정과 장려 속에 이루어진 일이라는 점을 고려하면 더욱 증폭됩니다. 원래 해적은 주변국에 비해 상대적으로 늦게 해상무역에 진출한 영국이 그 열세를 만회하기 위해 다른 나라의 상선에 대한 공격과 이를 통한 이윤추구를 시도하는 '사략선'[54]을 허용하면서 시작된 것이라고 알려져 있습니다. 그러니 따지고 보면, 영국은 일종의 해적국가로 시작된 셈인데, 더욱 아이러니한 것은 영국이 해상에서 점차 우위를 차지하게 되자 이번엔 자국의 군함을 동원해 자신들이 후원했던 해적들을 소탕하는 일에 앞장섰다는 것입니다.

이런 현상들이 보여주는 바는 질서와 혼돈이 양팔저울처럼 양극단에 존재하는 것이 아니라 역사의 지층이나 양파껍질처럼 다층적 구조로 겹겹이 존재하고 있다는 사실입니다. 한 지층은 다른 지층의 위에 존재하지만, 다시 그 위에 존재하고 있는 지층의 아래에 위치하는 것입니다. 이렇게 질서와 반질서의 역전관계는 매우 상대적인 성격을 지닙니다.

이런 역전현상은 이른바 '조폭영화'에 대한 대중들의 열광에서도 확인할 수 있습니다. 요즘은 조금 덜한 것 같습니다만, 한때 우리 영화계의 병폐로 자주 지적되던 문제 중 하나가 우리나라엔 조폭영화가 너무 많고, 너무 쉽게 인기를 얻는다는 것이었습니다. 이 문제를 제기하는 사람들은 대개 대중들이 조폭영화의 폭력성에 쉽게 탐닉하는 것과 이런 태도가 사회적으로 폭력에 대한 선호, 범죄자에 대한 미화와 같은 부작용을 가져올 수 있다고 경고했습니다. 마치 달고 짠 것이 몸에 안 좋다는 것을 뻔히 알면서도 충동을 참지 못해 과다하게 섭취하다가 건강을 망치는 것처럼, 폭력의 자극에 길들여진 사람들이 궁극적으로는 건강한 사회질서도 망치게 될 것이라는 설명이었습니다.

하지만 과연 그럴까요. 이제 이런 영화들이 태어난 시점으로 돌아가 되짚어보기로 합시다.

우리나라에서는 주로 조직폭력배들이 등장한다고 해서 조폭영화라 불리지만, 정확한 영화장르상의 구분은 '느와르영화'입니다. '느와르(noir)'는 프랑스어로 '검정색'을 의미합니다. 조직폭력배나 깡패들이 주로 무게를 잡기 위해 검은 옷을 입고 있고, 영화의 전반적인 색조도 암울한 분위기의 검은색을 많이 쓴다고 해서 그런 이름이 붙었다고 합니다.

느와르장르가 처음 등장한 것은 1940년대였습니다. 제2차 세계대전의 영향으로 전 세계에 불안과 공포, 폐허와 우울한 전망만이 가득하던 시절이라서 당시의 영화들은 대부분 우울한 정조를 띠게 됐고, 처음엔 이를 통칭해 '필름 느와르'라고 불렀다고 합니다. 그러던 것이 1960년대 프랑스에서 주로 범죄를 소재로 한 영화들에 '네오 느와르'라는 명칭을 붙이면서 느와르는 범죄와 폭력을 다룬 영화들을 가리키는 용어로 자리 잡게 됐습니다. 흥미로운 것은 이 두 시기 모두 사람들이 극도로 불안을 느끼던 때라는 것입니다. 1960년대도 전 세계에 휘몰아친 인권운동, 학생운동의 영향으로 이른바 '68세대'가 등장하면서 무엇이 옳은 것이며 사회의 정의란 무엇인가에 대해 근본적인 회의가 제기되던 시절이었습니다.

이 시기까지 느와르영화가 '불안하고 차가운 세상에 대한 묘사'에 그쳤다면, 불안이 보다 현실화된 형태로 나타나는 공간에서 느와르영화는 단순한 묘사를 넘어 '위안'의 영역으로까지 나가게 됩니다. 바로 1980년대 아시아 영화계를 강타한 '홍콩 느와르'의 열풍을 이르고자 합니다.

당시 홍콩은 난징조약으로 영국에 할양된 지 99년 만에 다시 중국으로의 반환을 앞두고 있던 시점이었습니다. 공산주의자라면 머리에 뿔이 난 사람들이라고 생각할 정도로 양 체제 간의 적대감이 드높았던 냉전시기에, 자본주의 체제 하에서 살아온 홍콩 사람들이 공산국가인 중국으로 반환된다는 사실은 서서히 다가오는 죽음을 대하듯 불안하기 그지없는 일이었을 것입니다.

이러한 시대적 배경 아래 등장한 홍콩 느와르영화는 멋진 검정색 트렌치코트를 입은 세련된 깡패들의 화려한 총격전을 앞세웠지만, 그 메시지의 핵심은 오히려 의리와 복수 그리고 형제애였습니다. 홍콩 느와르의 전성기를 알린 작품인 〈영웅본색〉은 이런 핵심들을 응축시켜서 보여줍니다. 서로 형제라고 부르는 깡패들끼리의 우정, 친구를 위해 목숨도 내놓는 의리, 가족의 억울한 죽음에 복수하기 위해 자신의 모든 것을 던져 불타는 그 순간의 아름다움까지, 법 바깥에 있는 존재인 깡패들이 오히려 더 철저하고 분명하게 우리 모두에게 익숙

영화 〈영웅본색〉의 포스터
오우삼 감독의 영화로 홍콩 느와르의 시발
점이라 불립니다. 홍콩 암흑가에서 이름을
날리던 형 아호(적룡 분)는 동생 아걸(장
국영 분)과 늙은 아버지를 위해 위조지폐
사업에서 손을 떼려고 합니다. 그러나 아
성(이자웅 분)이 배신을 하면서 둘도 없는
친구 소마(주윤발 분)를 다치게 하고 아버
지를 죽게 만들자 이에 분노하며 아성에게
복수하는 내용을 담고 있습니다. 남성들
사이의 유대와 의리, 암흑가의 배신과 복
수라는 모티브, 슬로모션과 점프 컷, 감상
적인 음악 덕에 홍콩 느와르의 독특한 아
우라를 만들어냈습니다.

한 '인간적인 질서'를 구현하고 있었던 것입니다.

'인간적이다'라는 표현은 매우 중요합니다. 친구, 가족, 혈연과 지
연으로 연결된 인연은 우리에게 너무나 익숙하고 안온한 느낌을 주는
것입니다. 하지만 우리가 살고 있는 자본주의 세상의 질서는 그렇지
않습니다. 돈 몇 푼을 위해서 간이라도 내줄 것처럼 굴다가, 이해가 되
지 않는다 싶으면 언제라도 사람 사이의 관계는 헌신짝처럼 내버려지
기도 합니다. 강자는 약자를 착취하고 약자는 더 약한 사람들을 먹이
로 삼는 정글 같은 세상의 질서…… 이 속에서 살아가야 하기 때문에
어쩔 수 없이 따르기는 하지만, 마음 깊이 동의할 수는 없습니다.

이런 정글의 법칙에 지친 사람들이, 공식적인 질서로부터는 배척
받을 수밖에 없는 존재들이지만 적어도 잔인한 세상에 맞서 인간다
운 질서를 온몸으로 구현하기 위해 몸부림치다가 파멸해가는 깡패들

영화 〈친구〉의 포스터

의 모습에 열광하는 건 어찌보면 자연스러운 일입니다. 2000년대 우리나라 조폭영화의 최대 히트작으로 꼽히는 작품의 제목이 〈친구〉인 것도 결코 우연이 아닙니다. 그렇게 보자면 조폭영화에 열광하는 우리가 목격하는 것은 '질서와 혼돈'의 싸움이 아니라 '공식적인 질서와 비공식적인 질서'의 충돌입니다. 그렇다면 어떤 질서가 다른 질서에 비해 더 낫고 가치 있는 것이라고 쉽게 판정을 내릴 수 있는 것일까요.

혼돈과 질서

질서의 역습

─극단화되는 공동체

질서에 대한 집착과 선호에 관해 마지막으로 이야기해볼 수 있는 것은 무엇이 '더 좋은' 질서인지 판가름하기 어렵다 해도 어쨌든 질서는 혼란스러운 상태보다는 낫다는 판단입니다. 완벽하게 예측하고 통제하는 것이 매우 어렵거나 불가능하고, 또 어떤 종류의 질서가 더 좋은 질서인지를 판단하는 것 또한 상대적임을 인정하더라도, 예측과 통제가 가능한 '질서 있는' 상황이 더 가치 있는 것이라면, 이를 지향하고 혼란을 배제하는 것이 당연하다는 입장입니다.

이 문제와 관련해 앞서 말씀드린 '1 더하기 1'의 문제로 되돌아갈 필요가 있습니다. 1에다 1을 더하면 2가 된다는 공식이 현실적으로 의미가 있으려면, 더하는 두 개의 대상이 '동일하다'는 전제가 있어야 합니다. 현실세계에서 연필 한 자루에 연필 한 자루를 더할 때 '연필 두 자루'라고 말할 수 있으려면, 두 연필이 같은 것으로 여겨져야 하기 때문입니다.

문제는 세상에 완벽하게 같은 두 자루의 연필은 존재할 수 없다는 것입니다. 공장에서 같은 기계로 찍어내어 전혀 사용하지도 않은, 겉보기엔 완전히 같은 모양과 색깔의 연필이라 해도, 아주 세부적으로는 차이가 있을 수밖에 없습니다. 하지만 그런 미세한 차이는 현실적으로 별로 의미가 없기 때문에, '무시'되고 같은 것으로 취급되는 '동질화'가 발생합니다.

연필이라면 뭐 그럴 수도 있겠다 싶은데, 이게 '자동차 두 대', '집 두 채' 혹은 '두 사람'에 이르고 보면, 차이를 그렇게 쉽게 무시해도 되나 점점 의문이 드는 게 사실입니다. 같지 않은 것을 같게 취급하는 과정에서 필연적으로 폭력이 발생할 수밖에 없는데, 그것이 인간과 관련된 문제가 될 경우 윤리적인 문제로 확대되기 때문입니다. 하지만 우리는 인간의 문제에 이르러서도 별다른 거리낌 없이 '우리 가족은 네 명', '우리 반은 30명', '대한민국의 인구는 5천만'이라고 이야기합니다. 그래야만 이해가 쉬워지고, 다른 사람과의 소통이 가능해지기 때문입니다.

질서가 현상의 '이해', 이를 바탕으로 한 '예측', 궁극적으로 '통제'를 목표로 하는 것이라면, 이러한 동질화는 필연적인 조건입니다. 가장 이해하기 좋은 오늘은 어제와 같은 오늘이고, 가상 예측하기 좋은 내일은 오늘과 같은 내일입니다. 거대한 스타디움에서 수많은 사람들이 일사불란하게 카드를 들었다 내렸다 하며 온갖 글자와 그림을 만들어내는 카드섹션은 질서와 통제의 아름다움을 보여주는 가장 극적인 이미지입니다. 1970년대 유신시절이나 현재 북한에서 이런 카드섹션이 가장 활발하게 이뤄졌고 또한 이뤄지고 있는 까닭은 시대가 추구하는 가치와 결코 무관하지 않을 것입니다.

혼돈과 질서

카드섹션

　카드섹션의 비밀은 카드를 들고 있는 모든 사람들을 단순한 하나의 점으로 인식하는 것입니다. 전기가 들어오면 깜박이며 빛을 내는 전구들처럼, 카드섹션을 하는 순간의 인간은 키가 크건 작건, 어떤 인격과 능력과 꿈과 도덕성을 지녔든 그저 나란히 찍어놓은 수많은 점들 중 하나일 뿐입니다. 국내 굴지의 어느 기업이 신입사원 연수프로그램의 일부로 반드시 카드섹션을 포함시키는 이유도 아마 어서 빨리 그 기업이 추구하는 가치를 체화하여 거대한 신체의 일부를 구성하는 '회사인'으로 동질화되기를 바라는 마음이 반영된 것이 아닐까 합니다.

　분명 동질화된 사회는 이해와 예측, 통제가 쉬운 질서 정연한 사회일 것입니다. 하지만 그와 동시에 '위험한' 사회이기도 합니다.

캐스 선스타인은 『왜 사회에는 이견이 필요한가』[55]라는 책을 통해 이견이 없는 회사, 논쟁이 없는 조직이 당장은 매끄럽게 잘 돌아가는 것 같지만, 결과적으로 보면 실적이나 수익률이 떨어지는 이류집단이 된다는 것을 증명했습니다. 예컨대 미국 역사상 가장 비참한 실패 중 하나로 여겨지는 1961년 쿠바 피그스만 침공은 계획이 입안되는 단계에서 문제점을 인식한 측근들이 있었지만, 자칫 온건파라는 딱지가 붙는 것에 대한 두려움, 감히 동료의 시선을 거스를 수 없었던 불안감, 그리하여 그런 의심을 적극적으로 개진할 수 없었던 분위기 때문에, 결국 케네디 스스로가 "내가 어쩌다 그런 어리석은 계획을 추진했을까"라며 한탄하는 결과에 이르게 됩니다.

선스타인은 더 나아가 이런 집단 동질화가 '극단주의'[56]라는 심각한 결과로 이어진다는 점도 밝혔습니다. 같은 생각을 가진 사람들이 한데 모여 폐쇄적인 의견을 나누면, 더 극단적인 입장을 갖게 된다는 것입니다. 심지어 전문가 그룹이라고 할 수 있는 판사들조차 비슷한 성향을 가진 사람들이 재판부를 구성하여 판결을 내릴 경우, 더 극단적인 판결을 내리는 경향이 있다는 연구결과는 섬뜩한 느낌마저 줍니다. 인터넷 공간에서 극단적인 주장과 행동들이 난무하는 이유도 마찬가지입니다. 자신과 의견이 맞는 사람들끼리 선택적으로 그룹을 형성하고 활동하는 게 쉬워져 각 그룹들이 더욱 동질화되는 결과가 빚어졌기 때문입니다.

따라서 다양성은 사회가 건강함을 유지하기 위한 필수조건입니다. 물론 질서의 차원에서만 사고할 경우, 다양성은 잘 짜여 있는 질서에 균열을 가져오는 혼돈의 요소입니다. 당연히 다양하고 이질적인 것들은 그 가치를 인정하는 사람들의 의식적인 노력이 수반되지 않는 한, 일반적인 상태에서는 사회 전체로부터 꾸준히 배제의 압력을 받게 됩니다. 그 결과 자정능력을 잃고 동질화·극단화된 사회는 스스로 몰락해가게 됩니다. 그림자를 지우기 위해 제 몸을 칼로 쳐내는 꼴입니다. 자신의 빛나는 신체가 그 그림자와 애초부터 한 몸이라는 진실을 잊은 어리석음이 가져오는 비극입니다.

혼돈과 질서,
대립항의 균형과 확장

완벽한 질서는 존재할 수 없습니다. 그것은 내 바깥에 존재하고 있는 세계에 대한 불안으로부터 달아나고 싶은 인간의 욕구가 만들어낸 일종의 환상에 불과합니다. 하지만 불안감은 세계를 이해하고 예측함으로써 점차 감소되고, 나아가 세계를 지배하고 통제할 능력을 갖는 것으로 완성됩니다. 그렇게 보자면 사물 간의 상상적 관계를 통해 어떤 형태이든 질서를 부여하려는 안간힘은, 인간이 자연과 타인과 나 아닌 바깥의 세상을 정복하려는 과대망상적 프로젝트라 할 수 있을지도 모릅니다.

제한된 범위 내에서라면 이런 질서는 비교적 쉽게 형성될 수 있습니다. 무인도에 조난된 사람이라면, 스스로 왕이라고 칭하고, 이 섬에서는 일 년 내내 공휴일임을 법으로 선포하거나, 영화 〈캐스트 어웨이〉에서처럼 함께 난파된 배구공 '윌슨'을 국무총리로 임명한다 해도 아무런 문제가 없을 것입니다. 달이 차고 기우는 것을 거대한 늑대가 달이라는 빵을 삼켰다가 내뱉기를 반복하는 과정으로 설명해도 괜찮

영화 〈캐스트 어웨이〉의 스틸 커트

무인도에 표류된 주인공 척 놀랜드(톰 행크스 분)의 유일한 친구는 함께 난파한 배구공뿐이었습니다. 척은 여기에 '윌슨'이란 이름을 붙이고, 일방적이지만 감정까지 교류합니다.

습니다. 현상을 이해하는 것으로 충분하기 때문입니다.

하지만 삶의 범위가 넓어지고 인지의 영역이 확대되며 더 많은 사람과 대상들을 접하게 되면, 이런 나만의 질서는 이질적 요소로 인해 혼란에 직면하게 됩니다. 즉, 혼돈은 세계가 확장되고 인식이 성장하는 과정에서 필연적으로 발생하게 되는 창조의 과정입니다. 혼돈은 내가 가지고 있던 기존의 인식을 강화시키기도 하고, 변화시키거나 경우에 따라 송두리째 뒤집어 재구성하면서 '생각으로 지은 집'을 더 크고 빛나는 것으로 만들어나갑니다.

이런 과정들은 놀랍고 환희에 찬 것이기도 하지만, 동시에 고통스럽고 무엇보다 불안한 일입니다. 인지심리학에서는 사람들이 나이가 들어갈수록 보수적이 되는 이유를 '인지부담'으로 설명합니다. 사람들은 살아온 세월만큼 점점 더 많은 사람들과 관계를 맺고, 더 많은 대상들에 대해 나름의 인식을 통해 '질서'를 구축합니다. 이렇게 인지의 네트워크는 복잡해지고 촘촘해져 가기 때문에, 새로운 자극이나 혼란요소들을 인식체계 안에 새로이 수용하기 위해서는 기존의 인식을 뜯어고쳐야 할 경우가 점점 많아지게 됩니다. 이를 '인지부담의 증가'라고 하지요.

이 부담이 일정 수준을 넘어서게 되면, 더 이상 새로운 현상을 받아들이기를 거부하게 됩니다. 문제는 자신의 인식체계 바깥에 엄연히 존재하는 '이해할 수 없는' 현상들이 거북스러워진다는 것입니다. 이해할 수 없으니 불안하고, 또 자신의 게으름과 한계를 보여주는 명백한 증거들처럼 여겨지기도 합니다. 그래서 그 이질적인 것들에 혼돈이라는 이름을 붙여 기존의 질서에 억지로 동화시키거나, 무시하거나, 심지어 배제하고 제거하려는 시도를 하게 됩니다. 바로 '폭력'이 탄생하게 되는 배경입니다.

이렇게 '질서에 붙들린 사회'에서 폭력은 오히려 정의의 도구가 됩니다. 이성적으로 당연히 이해가 되는 사실조차 거부되고, 광기와 극단이 정상의 이름을 얻게 됩니다.

흑인민권운동의 파도가 높던 1964년, 세 명의 청년이 낡은 차에 몸을 싣고 미시시피주로 떠납니다. 여전히 흑인차별 분위기가 강하게 남아 있던 남부지역 흑인들의 인권을 신장시키려는 목적 하에 흑인의 투표참여를 독려하는 캠페인을 벌이기 위해서였습니다. 하지만 남부 백인의 자부심에 가득 차 있던 그곳 주민들에게 이런 캠페인은 자

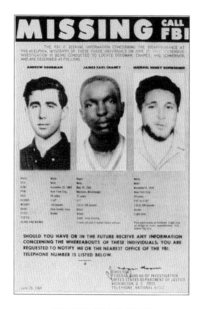

미시시피 버닝의 희생자
당시 FBI에서 게시한 실종자 포스터

신들이 지켜왔던 질서와 전통을 흔드는 것이었습니다. 이 와중에 특히나 과격한 입장을 보이던 백인우월주의 단체 쿠클럭스클랜(KKK) 회원들 중에서 지역 보안관과 전도사를 포함한 열 명의 사람들이 고속도로에서 이들을 추격해 외진 곳으로 끌고 가 심하게 구타하고 사살해버립니다. 시신을 묻고 불도저로 땅까지 다져서 흔적을 없앤 뒤에 주동자는 나머지 일당에게 이렇게 말했다고 합니다.

자, 친구들 정말 잘 해주었네. 백인들을 위해 멋진 일을 해줬어. 미시시피주의 모든 사람들은 자네들을 자랑스러워 할 걸세. 자네들은 이 외부의 선동꾼들에게 우리 주가 어떤 곳인지 제대로 보여준 거야.

그의 말은 절대로 과장이나 망상이 아니었습니다. 이들의 실종 사실이 알려지고 전국적인 관심이 집중된 상황이었지만 파견된 연방수사관들에게 주민은 물론 경찰과 관료들까지 비협조적이었고, 적대적인 태도까지 보이며 일관되게 수사를 방해했습니다. 심지어 사건 발생 44일 만에 땅 속 깊숙이 파묻힌 그들의 시체가 발견되고 주동자들이 체포됐을 때도 미시시피주 검사들은 주 차원에서 기소하는 것을 거부했습니다. 할 수 없이 연방검사들이 연방법에 근거하여 기소를 할 수밖에 없는 지경이었습니다.

기소가 되고 나서는 열렬한 인종분리주의자였던 판사가 두 명을 제외한 나머지 관련자 17명에 대해 "우리 주의 법으로는 위법성이 없다"며 기소를 모두 기각하는 사태까지 벌어졌습니다. 결국 연방대법원이 직권으로 다시 기소를 하고 나서야 재판이 열렸습니다. 그러나 사건이 발생한지 4년 만에 겨우 내려진 판결에서 관련자들은 3년에서 10년까지 매우 낮은 형량을 선고받았으며, 심지어 배심원들 중 한 사람은 "전도사님에게 유죄를 평결할 수는 없다"는 상식적으로 납득되지 않는 이유로 끝까지 무죄를 주장해 직접 살해에 가담한 전도사는 아예 무죄로 풀려나기도 했습니다. 징역을 선고받은 사람들도 대부분 형 집행정지로 도중에 풀려나 가장 오래 징역을 산 사람의 형기가 겨우 6년이었습니다.

이런 광기는 아주 먼 과거의 일도 아니고, 매우 드문 일도 아닙니다. '드레퓌스 사건'에서, 600만명 이상의 생명이 사라져간 '홀로코스트의 비극'에서, 우리 사회를 떠들썩하게 했던 '염전노예 사건'[57]에서 그리고 바로 지금도 전 세계에 테러의 어두운 그림자를 드리우고 있는 아이에스(IS)의 잔인한 포로 처형과 문화유산 파괴에서 '질서에 대한 신념'으로 똘똘 뭉친 이들의 광기는 쉴 새 없이 이어지고 있습니다.

***

혼돈과 질서는 서로를 침식하고 배제하는 대결의 관계가 아닙니다. 그림자 없이는 빛을 구분할 수 없고, 음이 없이 양이 존재할 수 없으며, 양팔저울의 반대편이 비어 있으면 이쪽 역시 땅에 주저앉고 마는 것처럼, 혼돈과 질서는 서로 등을 맞대고 태어난 한 몸과 같은 존재입니다.

때로는 혼돈이 질서가 되기도 하고, 질서가 혼돈보다 못한 상태가 되기도 합니다. 질서는 우리가 세상을 안심하고 살아갈 수 있도록 해주는 근거지만, 혼돈은 그 질서가 화석화된 폭력이 되지 않도록 막고, 그 경계를 확장하는 계기가 되어줍니다. 고정과 반복과 불변으로서의 질서도 소중하지만, 변화와 확장과 창조의 혼돈 역시 중요한 가치를 지니고 있습니다.

민권운동의 불길이 뜨겁게 타오르던 60년대 말, 공상과학 작가이자 페미니스트인 어슐라 르 귄은 어느 것이 다른 어떤 것보다 우월하다는 생각이 갖는 어리석음을 보여주기 위해, 늘 겨울인 행성에 사는 중성인들에 대한 소설 『어둠의 왼손』을 씁니다. 이들은 26일을 주기로, 남성 혹은 여성을 선택해 사는 '켐머(kemmer)'기에 접어들었다가 다시 성이 없어지는 '솜머(sommer)'기로 돌아갑니다. 다른 행성에서 온 사람이 이런 결합에 대해 이상하다고 말하자, 얼음 위를 걸으며 주인공은 자신들의 종교에서 구전되어 내려오는 시를 읊는 것으로 대답을 대신합니다. 저도 역시 여러분과 함께 걸으며 나누었던 '혼돈과 질서'에 대한 이야기의 마무리를 이 시로 대신하고자 합니다.

빛은 어둠의 왼손이고

그리고 어둠은 빛의 오른손이라네

둘은 하나, 삶 그리고 죽음처럼

켐머기에 잠자리를 함께하는 연인들처럼

마주잡은 두 손처럼

뻗어 있는 길과 그 길의 막다른 끝처럼

▱ 더 읽어볼 책

마이클 셔머 지음, 김소희 옮김, 『믿음의 탄생』, 지식갤러리

인간의 믿음에 대해 근본적인 물음을 제기하면서, 인간이 왜 패턴성을 찾고 그에 의미를 부여하는지 통찰력 있는 연구를 통해 탁월하게 분석해낸 책입니다. 뇌의 신경적 과정을 통해 주장의 근거를 만들어내고 있기 때문에 약간 생소하고 어려울 수 있지만, 인간 사고의 근본을 파헤친다는 점에서 의미가 있습니다.

저는 지금 캐나다 밴쿠버에 1년간 교환교수로 와있습니다. 공모전 당선 소식도 이곳에서 메일을 통해 전해 들었습니다. 출간을 위해 본격적으로 원고를 가다듬는 사이 캐나다에서는 총선이 있었습니다. 영국처럼 의원내각제 국가인 캐나다에서 국회의원을 선출하는 총선은 곧바로 정권교체로 이어질 수 있는 중요한 정치적 이벤트입니다. 그런데 바로 이 타이밍에 유럽 전역을 강타한 시리아 난민 문제가 주요한 의제로 부상하게 됩니다.

일핏 생각해보면 북아메리카에 위치한 캐나다 입장에서는 유럽 난민 문제가 강 건너 불구경처럼 느껴질 법도 합니다만, 다양한 이민자 집단으로 구성된 캐나다에서는 국내 문제 못지않게 많은 사람들이 관심을 보였습니다. 특히 해변에서 익사한 채 발견되어 전 세계인의 눈물을 자아낸 소년 조르디의 친척이 밴쿠버에 거주하고 있고, 소년을 미리 캐나다로 데려오려 했으나 까다로운 이민 절차 때문에 실패했다는 사실이 알려지면서, 시리아 난민 문제는 총선의 가장 큰 이슈로 떠오르게 되었습니다.

보수정권을 이끌고 있는 존 하퍼 총리는 조르디와 시리아 난민의 고통에도 불구하고 캐나다의 경제 상황이 매우 안 좋은데다 이민자들이 사회통합에 여러 문제가 있음을 들어 이 문제에 개입할 수 없다고 주장했습니다. 하지만 소수 야당인 자유당을 이끌고 있는 40대의 젊은 지도자 저스틴 트뤼도는 캐나다가 국제사회의 일원으로서 책임을 다해야 한다며, 자신이 집권한다면 시리아 난민 2만5천명을 즉각 캐나다로 데려오겠다는 공약을 내걸었습니다. 캐나다인들은 어떤 선택을 했을까요. 놀랍게도 캐나다인들은 트뤼도의 자유당에 압도적인 지지를 보내 10년만에 정권이 교체되는 이변이 일어납니다.

외부자의 입장에서 이 과정들을 지켜본 저도 무척 놀라웠습니다. 하퍼 총리의 지적대로 캐나다의 경제는 이미 매우 어려운 상황에 직면해 있고, 청년 실업 문제는 오히려 우리나라보다 더 심각한 상황입니다. 제가 살고 있는 밴쿠버 지역만 해도 소말리아 갱단 등 이민자 집단의 범죄가 사회문제로 대두되어 큰 우려를 표명하는 이들이 많습니다. 그럼에도 불구하고 캐나다인들은 더 큰 이질성을 포용하며,

혼돈 속에서 함께 길을 찾아나가는 진로를 택한 것입니다.

저는 캐나다를 대표하는 지성인 존 랄스턴 사울의 저서 『올바른 국가(A Fair Country)』를 읽으면서, 자기 영역을 더 넓혀 이질성을 자기 정체성으로 받아들임으로써 확장과 발전을 거듭해온 것이 캐나다인이라는 그의 주장을 확인했습니다. 특히 캐나다가 올바른 국가인 이유가 "자기 목적으로 혼돈을 확장시키는 것(a growing confusion as to the purpose of the state)"을 설정했기 때문이라는 문장을 보고, 이 책을 쓰면서 제가 가졌던 근본적인 문제의식에 시간과 공간을 넘어 공명하는 이를 만난 것 같아 반가웠습니다.

우리사회와 국가가 애써서 혼돈을 추구하고 즐거워해야 함을 말하려는 것이 아닙니다. 필연적으로 존재할 수밖에 없는 이질적이고 다양한 요소들의 가치를 인정하고 그와 공존하려는 용기를 지녀야 한다는 맥락입니다. 인간다운 삶을 위해 필요한 경우라면 서슴없이 혼돈의 어둠 속으로 들어설 수 있는 과감함을 가져야 한다는 것입니다. 질서의 방패 뒤에 숨어 이웃과 타인의 어려움을 모른 체하고, 나아가 더 큰 고통을 강요하며 자신에게 유리한 질서를 '옳음'이라고 주장하는 뻔뻔스러움에 부끄러워할 줄 알아야 한다는 것입니다.

혼돈과 질서의 아이디어가 이렇게 한 권의 책으로까지 발전할 수 있었던 것은 자료조사원으로 활약해준 제자 이경민 군 덕분입니다. 매주 거듭된 회의에 피곤했을 텐데 늘 충실한 자료와 의견 제시로 원고에 활력을 불어넣어준 데 진심으로 감사의 말을 전합니다. 제 삶의 원동력이 되어주는 영원한 반려자 아내와 장난꾸러기 두 아이들에게도 사랑한다는 말을 전합니다.

그리고 저의 모든 것이 가능하도록 해주신 분, 사랑하고 존경하는 어머님께 이 책을 바칩니다.

2016년 1월 밴쿠버에서
곽한영

1 '쵸르나-'는 '검다'는 의미의 접두어이고, '벨로-'는 '희다'는 의미의 접두어입니다.

2 대표적인 사례로 기독교 문화권에서 이단시된 수메르나 중근동 지방의 토속신들이 악마계에 포함됐습니다. 이집트의 '아몬'이라는 신은 태양신 '라'와 합쳐져 이집트를 수호하는 주신이지만, 솔로몬의 『레메게톤』 전설에서는 72명의 악마 중 하나일 뿐입니다. 원래 이집트의 신이었던 아몬이 중세에는 악마학에 빠져서 악마가 된 존재라고 서술되어 있는 식입니다. 이밖에도 고대 시리아의 주신이었던 '바알'이나 중근동 지방의 전능자인 바알이라는 의미였던 '벨제뷔트', 아시리아의 사막 바위신이었던 '벨페골' 모두 기독교에서는 악마로 묘사되고 있습니다.

3 www.etymonline.com

4 『공동 번역 성서』, 「창세기」, 11장, 1~9절.

5 돌이켜 생각해보면 이런 인상은 여러 예술작품에서 '파괴된 바벨탑'의 이미지가 묘사된 것에 영향을 받지 않았나 싶습니다. 제 경우 어린 시절 봤던 종교영화에서 분노한 하느님이 하늘로부터 번개를 마구 쏘아 탑을 파괴하는 장면이 강하게 기억에 박혀 있습니다. 지금 와서 생각해보면 언어를 흩어놓아 도시 건설이 전반적으로 흐지부지되는 장면은 영화 속에서 묘사하기도 애매하고 무엇보다 '영화적 재미'가 떨어지기 때문에, 그렇게 블럭버스터 액션영화 같은 장면을 넣었던 것 같습니다.

6 "We're more popular than Jesus now(지금 우리는 예수보다 인기가 많다)." 비틀스의 멤버인 존 레넌의 말입니다. 1966년 3월 이 '예수 발언'으로 인해 그는 반(反) 비

틀스 운동의 포화를 맞습니다. 종교에 관한 견해를 밝혀 달라는 기자의 질문에 레 넌은 이렇게 답했다는군요. "기독교는 사라질 것이다. 그것은 종적을 감추고 움츠 러들 것이다. 왈가왈부할 필요조차 없다. 내 말이 옳다고 판명될 것이다. 지금 우 리는 예수보다 인기가 많다. 로큰롤과 기독교 중 어느 것이 먼저 사라질지는 모른 다. 예수는 훌륭했지만, 그의 제자들은 미련했고 평범했다. 내가 보기에는 그들이 기독교를 왜곡시키고 타락시키고 있는 것이다."

7 아이작 아시모프, 박웅희 옮김, 『아시모프의 바이블』, 들녘, 77쪽.

8 사물의 존재를 한정하는 보편적인 법칙, 행위가 따라야 할 준칙, 이 법칙과 준칙 을 인식하고 이를 따르는 분별과 이성을 뜻합니다. 본래는 고전 그리스어로 '말 하다'를 뜻하는 동사 'legein'의 명사형이며, '말한 것'을 뜻하는데, 일반적으로 말, 논리, 이성 등으로 이해되어 왔습니다. 또한 '학(學)'의 어원(-logie)이기도 합니다.

9 회의주의(懷疑主義, skepticism)란 인간의 인식이 상대적·주관적이기 때문에 진리 의 절대성을 의심해야 한다는 입장으로, 고대 그리스의 소피스트들에게서 그 원 형을 찾을 수 있습니다. 나아가 절대적 회의주의는 인간이 보편타당한 판단기준 을 가질 수 없다는 이유로, 진리의 존재를 부정하고 우리가 안다는 것은 단지 습 관과 사회의 일시적인 결정에 불과하다고 봅니다.

10 군주의 치세(治世)에 붙이는 칭호로, 중국에서 시작되어 우리나라와 일본에서 사 용됐습니다. 중국에서는 본래 새로 임금이 즉위한 이듬해를 원년으로 하여 햇수 를 세었는데, 원래 특별한 명칭이 없었으나 한무제 때 처음으로 '건원(建元)'이라

는 연호를 사용하게 됩니다(기원전 140년). 또한 길상(吉祥)의 출현, 정치적 이상, 종교적 바람 등 여러 이유로 새 연호를 제정해 사용했으며, 이렇게 연호를 고치는 것을 개원(改元)이라 불렀습니다.

11 켄 앨더, 임재서 옮김, 『만물의 척도』, 사이언스북스, 2008, 351쪽에서 재인용.

12 인체척도의 사례 중 가장 유명한 '피트(feet)'는 발바닥의 길이에서, '인치(inch)'는 엄지손가락의 너비와 같은 크기의 양으로 잡은 데서 기원합니다. 우리나라의 '지(指)'는 손가락 굵기를 표시하는 데서, '척(尺, 혹은 자)'는 손을 폈을 때의 엄지손가락 끝에서 가운뎃손가락 끝까지의 길이에서 비롯됐습니다. 그래서 옛사람들은 손을 표준으로 삼아 만든 자를 지척(指尺)이라고 했습니다.

13 일상생활에서 아주 큰 수를 '천문학적인 수'에 비유하곤 합니다. 이는 천문학에서 통용되는 수가 일상적인 수보다 아주 크기 때문입니다. 주로 사용하는 단위로 'AU(천문단위)'라는 것이 있습니다. 이것은 지구와 태양 사이의 거리로, 1AU는 1억5천만km를 의미합니다. 태양계의 반지름을 AU단위로 환산하면 40AU가 됩니다. 또 빛이 1년간 진행한 거리를 의미하는 'LY(광년)'이 있습니다. 이를 미터법으로 환산해보면, 빛은 1초 동안 30만km를 움직이므로, '1LY'는 '30만×3,600초×24시간×365일'km가 됩니다. 마지막으로 'pc(파섹)'이란 단위가 있는데, 1pc의 거리는 약 3.26LY와 같습니다. 그야말로 천문학적인 수치가 아닐 수 없습니다.

14 켄 앨더, 임재서 옮김, 『만물의 척도』, 사이언스북스, 2008, 483쪽.

15 공통의 사회·경제·정치생활을 영위하고 공통언어·문화·전통을 지닌 국민공동

체를 기초로 하여 성립된 국가를 말합니다. 근대 유럽에서는 시민혁명을 거쳐 형성된 근대국가를 지칭하는 의미로 많이 사용되며, 민족국가와 유사한 차원에서 쓰이기도 합니다. 일정한 영토와 그곳에 사는 국민으로 구성된 독립된 정치조직으로서의 국민국가는 단일 국가의 형태를 가지며 통일된 법과 정부 체계를 갖추고 있습니다.

16 J. C. 맥긴티, 「피트니스 밴드의 장점. 데이터보다 동기부여」, 『월스트리트저널』, 2015년 1월 13일자.

17 1915년 4월 22일에 제2차 이프르전투에서 독일군의 염소 가스 사용, 1916년 9월 15일에 플레르-쿠르슬레 전투에서 영국군의 전차 사용, 1915~16년에 걸쳐 오스만제국의 청년투르크당에 의해 약 백만 명이 희생됐던 아르메니아인 집단 학살 사건, 1914년~18년에 걸친 아시리아인 학살 사건 등, 기술과 산업의 고도화되어 있었거니와 전술적 교착으로 제1차 세계대전은 희생자가 가장 많았던 전쟁 중 하나로 꼽힙니다. 전투원만 900만 명이상이 전사했고, 3천만 명 이상 부상을 입었습니다.

18 DC코믹스는 미국의 만화책 출판사로, 슈퍼맨, 배트맨, 원더우먼, 그린 랜턴 등의 히어로와 렉스 루터나 조커 등의 악당 캐릭터를 보유하고 있습니다. 마블코믹스와 함께 미국 만화의 양대 산맥으로서 현재 미국 만화 시장의 약 80퍼센트 이상을 함께 점유하고 있습니다.

19 한 지역의 주민들이 범죄나 재난에 대비하고 그 지역의 질서를 지키기 위해 스스

로 조직한 경비 단체를 지칭합니다. 1923년 관동대학살 당시 조선인이 폭동을 일으킨다는 유언비어를 믿고 조선인들을 학살한 것은 약 3천여 개 이상의 일본 자경단이었습니다. 2000년 나이지리아에서도 종교분쟁과 내전으로 범죄율이 증가하자 자경단이 형성됐고, 자경단과 범죄인들 사이의 충돌사고로 경찰을 포함해 많은 사망자가 발생하기도 했습니다. 조직화된 자경단이 강도단이 되거나 경찰과 대립하는 경우도 많았습니다.

20 법률상의 절차에 의하지 않고, 자기 힘으로 권리 내용을 실현하는 일을 의미합니다. 하지만 근대국가에서 권리의 내용을 실현하기 위해서는 국가권력(특히 법원)의 도움을 얻지 않으면 안 되기 때문에, 스스로의 힘으로 실현하는 것은 원칙적으로 허용되지 않고 있습니다.

21 『이솝우화』 중에 이런 이야기가 있습니다. "옛날에 새와 짐승들이 전쟁을 했습니다. 처음에는 새 편에도 짐승 편에도 붙지 않고 싸우는 것을 멀리서 보고 있다가, 박쥐는 이리 갔다 저리 갔다 하며 이길 듯한 편에 붙었습니다. 서로 화해를 하고 전쟁이 끝나 박쥐가 새들에게로 가니까, '너는 짐승이니 저리 가라' 하고 몰아냈고, 짐승들에게도 '너는 새 아니냐. 저리 가라' 하고 쫓겨났습니다. 결국 짐승 편에도 새 편에도 들지 못한 박쥐는 그런 뒤로 언제나 혼자서 굴속이나 으슥한 곳에서 쓸쓸하게 살게 됐습니다."

22 『수정헌법』은 영어로 'ammendment'입니다. 우리말로 풀자면 '수정'이 맞긴 하지만, 기존에 존재하고 있는 어떤 대상들을 바꾸거나 조정하여 수리하는 'fix'나 원

혼돈과 질서

상복구의 방식으로 수정하는 'repair'와 달리, 기존의 것에 무언가를 '덧대어' 고치는 방식을 의미합니다. 원래 만들어졌던 『헌법』의 본문의 뒤에 조항들을 덧붙여 넣어 본문의 미비점들을 보완하려 한 것이기 때문에, 혼돈을 피하기 위해서는 '부가조항', '추가조항'으로 이해하시는 것이 좋을 것 같습니다.

23 'state'의 번역 역시 우리나라에서는 '주'라고 번역하는 경우가 많지만, 원래는 라틴어 'stare(서다, 만들어지다)'에서 온 단어로 '국가'를 의미합니다. 미국의 각 주가 독립적인 입법권을 가지고 자치정부를 구성하고 있는 이유가 여기에 있습니다. 'USA'가 '미합주국(여러 주가 모여 만들어진 국가)'이 아니라 '미합중국(여러 나라가 모여 만들어진 국가, 연방)'으로 불리는 이유도 여기에 있습니다.

24 적국의 핵무기 선제공격을 단념시키기 위한 전략으로, 적이 핵공격을 가할 경우 남아 있는 핵전력으로 상대편을 전멸시킨다는 보복 전략입니다. 1960년대 미국의 아이젠하워 대통령이 채택했으며, 냉전시대 미·소간 핵전쟁을 억제하는 데 중요한 역할을 했다고 평가되기도 합니다.

25 천재지변 또는 중대한 재정경제상의 위기에 처하거나, 국가의 안전보장 또는 공공의 안녕질서가 중대한 위협을 받거나 받을 우려가 있어서 신속한 조치를 취할 필요가 있다고 판단되는 경우에, 대통령이 내정·외교·국방·경제·재정·사법 등 국정 전반에 걸쳐서 내리는 특별한 조치를 이릅니다. 『유신헌법』 제53조에 규정된 대통령 긴급조치권은 단순한 행정명령 하나만으로도 국민의 자유와 권리에 대해 무제한의 제약을 가할 수 있는 초헌법적 권한이었습니다. 긴급조치권의 발동

을 요하는 비상사태의 발생 여부에 관한 판단은 대통령이 독자적으로 내릴 수 있
게 돼 있어서 사실상 반(反)유신세력에 대한 탄압도구로 악용됐습니다.

26 KBS, 〈20세기 한국사 해방, 4편 독재로부터의 해방〉, 1999년 8월 방송.

27 "귄터 샤보브스키라는 동독 공산당 대변인이 여행자유화에 관한 임시 법안을 발
표할 때였습니다. 독일어에 서툴렀던 외국 기자가 언제부터 그 법안이 유효하냐
고 묻자, 샤보브스키는 아무 생각 없이 "바로", "즉시"라고 대답했다고 합니다. 아
주 사소한 말실수였습니다. 그러나 기자회견장에 있던 기자들은 "지금부터, 즉시
서독 여행이 가능하다!"라는 기사를 송고했고, 이 소식이 전해지자마자 동베를린
주민들은 서베를린으로 통하는 관문인 '체크포인트 찰리'로 몰려나옵니다. 어찌
할 바를 몰라 우왕좌왕하던 경비병들은 결국 주민들의 요구에 굳게 단힌 철문을
열어주고 뒤로 물러납니다. 베를린 장벽은 이렇게 황당한 말실수로 무너진 것입
니다." 이에 대해서는, 김정운, 『에디톨로지』, 21세기북스, 5쪽에서 인용.

28 이에 대해서는 이성주, 『영화로 보는 20세기 전쟁』, 가람기획, 320~321쪽 참조.

29 이 부분의 원문은 다음과 같습니다. "…포르투나토의 수많은 못된 처사에도 될 수
있는 대로 참아왔으나 또다시 모욕을 가하려고 하니까 나는 복수할 것을 결심했
다. 그러나 내 성격을 잘 알고 있는 자네라면, 말을 꺼내서 내가 상대방을 협박하
지는 않았음을 상상할 수 있을 것이다. 결과적으로 꼭 원한을 풀어보겠다는 것만
은 분명히 다짐했다. 그러나 그렇게 단단히 마음먹었지만 마음 한편 구석에는 위
험한 짓은 저지르지 않아야 되겠다는 속셈이었다. 벌은 안겨주더라도, 이쪽이 해

를 입지 않도록 하지 않으면 안 됐던 것이다. 악을 응징한 것이 오히려 다시 보복을 받는다고 하면 무의미한 노릇이다. 악을 행한 상대방에게 자기가 보복을 당하고 있다는 것을 느끼지 못하게 한다고 해도 그것 또한 무의미한 노릇이다." 이에 대해서는 에드거 앨런 포, 『아몬틸라도의 술통』(eBook), 블루컨텐츠, 2013 참조

30 또 다른 인지부조화의 사례를 소개합니다. 1954년 어느 날, 미국 미니애폴리스의 레이크시티의 한 가정주부 매리언 키치는 외계의 신으로부터 지구멸망의 계시를 받습니다. 그해 12월 21일 자정을 기해 대홍수가 일어나 전 세계가 가라앉을 것이며, 오직 서낸더라는 이름의 구세주를 믿는 자들만이 구원 받는다는 내용이었습니다. 그녀는 직장을 그만두고 재산까지 정리하고 일군의 신도들과 함께 종말을 준비합니다. 물론 대홍수는 일어나지 않았습니다. 신도들은 실망합니다. 하지만 얼마 뒤 신도들은 이마저도 구세주의 새로운 메시지로 받아들입니다. 신도들의 정성에 감복한 신께서 세상을 구원하기로 마음을 바꾸었다는 내용이었습니다. 끝내 그들은 매스컴과 열렬히 인터뷰하며 자신들의 행동과 믿음이 헛되지 않았음을 설파했습니다.

31 여기 소개한 내용은 페스팅거가 실제로 한 실험을 보다 단순화해서 제시한 것입니다. 실제로 1959년 페스팅거와 칼스미스가 한 실험은 상당히 복잡합니다. 우선 자원자들을 모아 이 사람들에게 한 시간 동안 12개의 실패들을 쟁반 위에 올려놓았다가 다시 내려놓는 일을 반복하거나, 48개의 네모난 나무못을 판 위에서 시계방향으로 매번 90도씩 돌려놓는 일을 반복하게 합니다. 그러고 나서 이 사람들을

A, B, C 세 그룹으로 나누어 A그룹은 그냥 잠시 대기하게 하고, 나머지 두 그룹은 연구조교가 바쁘다는 핑계를 대고 다음 실험자들에게 실험과정을 설명해 달라고 부탁을 하면서 최대한 재미있는 실험이라고 이야기해주면 그 대가를 주겠다고 합니다. 그리고 나서 B그룹에게는 20달러를, C그룹에게는 1달러만을 주고 최종적으로 세 그룹 모두에게 실험이 어땠는지 묻습니다. 이 경우 A, B그룹은 있는 그대로 재미없었다고 대답하는데, C그룹은 다른 그룹보다 재미있었다고 대답합니다. 왜냐하면 C그룹은 이미 이 실험이 재미없다는 것을 알고 있는데도 이것이 재미있었다고 말해야 하는 모순적 상황에 놓이게 됐고, 이에 대한 대가도 충분치 않았으므로 태도와 행동 사이에 훨씬 큰 인지부조화를 겪었기 때문인 것으로 설명됐습니다.

32 피고가 유죄를 인정하거나 다른 사람에 대해 증언을 하는 대가로, 검찰 측이 형을 낮추거나 가벼운 죄목으로 다루기로 거래하는 것을 이릅니다. 유죄협상제 또는 사전형량조정제도라고도 하지요. 미국정부는 수사·기소·재판 최종심까지 들어가는 천문학적 비용을 절감하기 위해, 이 제도를 적극적으로 활용하고 있습니다. 영국이나 프랑스, 스페인 등 일부 국가에서도 제한적으로 채택하고 있습니다. 그러나 이 제도는 실체적 진실의 파악을 포기하고, 같은 범죄에 대해 상이한 처벌이 부과되며, 피고인의 권익보다 검찰의 수사편의만 증대될 뿐 피해자의 입장은 고려되지 않는 점 등이 문제로 지적되고 있습니다.

33 이슬람교 국가에서 시행되는 관습법으로, 이 말은 그리스어 '규범(kanon)'에서 유

래한 것입니다. 사라센제국은 확대·발전과정에서 광대한 지역을 정복하고, 많은 이민족을 포괄해 접촉했습니다. 이들은 서로 다른 지방 관습과 성문법을 갖고 있어서 상업과 산업의 발전, 정규군의 설치에 따라 비종교적이고 법적인 문제를 처리하기 위해 이들 지역의 관습에 따른 일련의 법령을 특별히 설정할 필요가 있었습니다. 이렇게 설정된 관습법의 한 계열을 카눈이라 불렀습니다. 알바니아에서는 제 기능을 하지 못하는 사법체계를 대신해 사람들이 15세기의 관습법인 카눈을 선택하면서 공식적인 규범으로 자리 잡았습니다.

34 영화 〈대부 2〉도 복수를 피해 미국까지 도망갔던 꼬마가 마피아의 대부가 되어 다시 고향으로 돌아와 가족의 오래된 복수를 완성한다는 스토리입니다.

35 사실 '퓨드(feud)'라는 단어는 우리말로 번역하기에 마땅한 단어가 없습니다. 반목이나 불화는 개인 간에 벌어지는 일시적인 갈등도 포함해서 부르는 말이기 때문입니다. 그래서 조금 불편하긴 하지만 이 단어를 그대로 사용해 설명하겠습니다.

36 Lasswell, Harold D. 1931 Feuds. Volume 6, pages 220-221 in *Encyclopaedia of the Social Sciences*. New York: Macmillan.

37 RADCLIFFE-BROWN, A. R. 1952 *Structure and Function in Primitive Society: Essays and Addresses*. London: Cohen & West; Glencoe, Ill.: Free Press.

38 「신명기」, 1장 17절.

39 김중락, 「'춤추는 칼'에서 피스톨까지: 영국 사회적 규범의 발전과 결투방법의 변화」, 『역사교육연구』, 한국역사교육학회, 2010에서 재인용

40 계산기와 계산용지, 장부 등의 기능이 통합돼 연산 및 표, 그래프를 그리는 소프트웨어를 말합니다. 마이크로소프트사의 '엑셀' 프로그램이 대표적입니다.

41 도스(DOS)에서는 키보드로 명령어를 직접 입력해 작업을 수행시키고, 컴퓨터는 그 작업결과를 문자로 화면에 표시하는 '문자중심(CUI, character user interface)'의 운영체제였습니다. 하지만 그래픽 사용자 인터페이스(GUI)는 텍스트가 아니라 마우스로 그래픽 아이콘을 클릭하여 작동하는 방식을 의미합니다. 잡스는 제록스의 이 시스템에 깊은 인상을 받아 애플 컴퓨터에도 도입했다고 합니다.

42 각 생산요소의 투입량을 늘림으로써 발생하는 이익 증가 현상을 의미합니다. 일반적으로는 대량생산을 통해 단위당 들어가는 비용을 절감해 이익을 늘리는 것을 목적으로 하지만, 최근에는 특히 설비를 증강함으로써 생산비를 절감하는 것에 목적을 두곤 합니다.

43 월터 아이작슨, 안진환 옮김, 『스티브 잡스』, 민음사, 2011, 876쪽.

44 같은 곳.

45 하나의 시스템을 구성하는 하드웨어와 소프트웨어 또는 두 개의 시스템이 상호작용할 수 있도록 접속되는 경계나 이 경계에서 상호 접속하기 위한 하드웨어, 소프트웨어, 조건, 규약 등을 포괄적으로 가리키는 용어입니다.

46 강준만, 「몬테카를로의 오류—왜 사람들은 '벼락 맞을 확률보다 낮은 복권'을 계속 살까」, 『감정독재』, 인물과사상사, 38~45쪽 참조.

47 마이클 셔머, 김소희 옮김, 『믿음의 탄생』, 지식갤러리, 2012. 참조.

48 무질서하고 불규칙적으로 보이는 현상 속에 내재된 규칙이나 법칙을 밝혀내는 이론을 말합니다. 기본 전제는 자연현상에 내재된 복잡성의 원인이 무작위성이 아니라 '예측 불허성'이라는 것입니다. 즉, 동일한 초기 조건이 주어지면 항상 같은 결과에 도달한다는 결정론적 관점이 무작위적인 요인을 배제하며, 초기 조건이 조금만 달라져도 결과는 크게 바뀌어 예측이 불가능하게 된다는 것이 근본 개념입니다.

49 사실 이와 같은 아이디어를 처음 착안한 이는 로렌츠라기보다는 공상과학 소설가인 레이 브래드버리입니다. 그는 로렌츠보다 약 10년쯤 앞선 1952년에 단편소설 『천둥소리』에서 중생대에 살았던 나비 한 마리의 죽음이 현재의 대통령 선거 결과를 바꾸는 결과로 이어진다는 기발한 스토리를 풀어놓았습니다.

50 Vaughan, Diane. The Challenger Launch Decision: Risky Technology, Culture, and Deviance at NASA, Chicago: University of Chicago Press, 1996; 박성민 외 옮김, 『불확실한 세상』 사이언스북스, 2010, 285~307쪽 참조.

51 꼭 탈정상과학의 패러다임은 아니더라도 의외로 과학의 영역에서 '합의'를 통해 '사실'이 결정되는 경우는 적지 않습니다. 가장 흥미로운 사례가 바로 '명왕성'의 경우입니다. 저를 포함해서 많은 분들이 태양계의 행성을 '수성, 금성, 지구, 화성, 목성, 토성, 천왕성, 해왕성, 명왕성' 이렇게 아홉 개라고 알고 계실 것입니다. 그런데 2003년 미국의 마이클 브라운 교수 연구진이 명왕성 바깥에서 '에리스'라는 천체를 발견했습니다. 명왕성 발견에 이어 미국 연구진이 거둔 개가로 많은 사람

들의 관심을 모았습니다. 그런데 엉뚱하게도 세계 천문학계에서는 에리스를 태양
계의 열 번째 행성으로 인정할 것인가를 논의하기에 앞서, 이런 천체가 앞으로 계
속 발견되면 어떻게 할 것인가 하는 문제에 맞닥뜨리게 됩니다. 이후 태양계의 행
성 수를 한없이 늘려갈 수는 없다는 인식 하에 '행성정의위원회'가 만들어졌고, 2
년간의 준비 끝에 이 위원회가 세운 안을 바탕으로 2006년 국제천문연맹 총회에
서 표결이 이루어집니다. 그 결과 찬성 237표, 반대 157표, 기권 17표로, 오히려
명왕성을 기존의 태양계 행성목록에서 빼는 안이 가결됐습니다. 이런 과학적 사
실이 투표를 통해 결정된 것도 신기하지만, 찬성과 반대가 그리 압도적인 차이를
보이지 않았고, 심지어 명왕성과 에리스를 발견한 미국 측 과학자들과 이에 반대
하는 다른 나라 과학자들 간에 표 대결이 벌어지는 양상조차 보였다는 점이 일반
인들로서는 과학에 대해 갖고 있던 이미지와 상당히 차이가 나는 부분이었습니
다. 이때 투표 결과에 실망한 어느 미국 과학자가 던진 한마디가 의미심장합니다.
"언제부터 과학자들이 합의로 결정했나요?"

52 아이러니한 것은 일반 상선도 상황이 안 좋았지만, 해군 소속의 군함의 경우 더
열악한 상황이었다는 점입니다. 기동성 있는 전투를 위해 더욱 제한된 공간과 더
강력한 규율을 가지고 있었음에도 이에 대한 보상은 턱없이 적은 수준이었고, 더
구나 전투 자체가 생과 사를 넘나드는 행위였습니다.

53 주경철, 『대항해시대―해상 팽창과 근대 세계의 형성』, 서울대학교출판문화원,
2008, 172쪽.

혼돈과 질서

54 전시에 국가로부터 특허장을 받아 적선을 나포하는 민간 무장선을 의미합니다. 사실상 상비 해군력이 부족한 국가가 해적을 샤략선의 일원으로 고용하곤 했지요. 그중 유명한 해적이 윌리엄 댐피어라는 해적 항해사인데, 존 쿡이라는 선장 밑에서 해적질을 하다 『새로운 세계 일주 항해』라는 수기를 쓴 것이 눈에 띄어, 해군 밑에서 항해와 샤략활동을 벌였습니다.

55 캐스 R. 선스타인, 박지우·송호창 옮김, 『왜 사회에는 이견이 필요한가』, 후마니타스, 2015 참조.

56 캐스 R. 선스타인, 이정인 옮김, 『우리는 왜 극단에 이끌리는가』, 프리뷰, 2011 참조.

57 2014년 1월 28일, 전라남도 신안군 신의면 하태동리의 한 염전에서 장애인 2명이 임금 체납과 감금으로 혹사당하다 경찰에 구출된 사건이 있었습니다. 시각장애인 김 씨는 숙식을 제공받으며, 돈도 벌 수 있다는 직업 소개업자의 제안에 넘어가 2012년 7월 신의면의 한 염전에 취업했지만, 실제로는 하루 5시간도 못 자며 고된 육체노동을 강요 당했습니다. 세 차례나 탈출을 시도했으나 염전 주인 홍 씨의 삼엄한 감시 때문에 번번이 실패했습니다. 2014년 1월 13일, 읍내에 나왔을 때 몰래 어머니께 편지를 보내면서 구로경찰서의 실종수사팀이 1월 28일 이들 피해자 둘을 섬에서 구출해내고, 2월 6일 염전 주인 홍 씨를 영리약취, 유인 등 혐의로 형사 입건했습니다. 인권유린의 현장과 인간의 잔혹성을 뼈저리게 고발하며, 사회적으로 큰 반향을 불러일으켰던 사건입니다.

혼돈과 질서

인문학의 눈으로 본 세상의 균형과 조화에 대한 이야기

1판 1쇄 인쇄 2016년 2월 22일
1판 1쇄 발행 2016년 2월 27일

지은이 | 곽한영
펴낸이 | 정규상
출판부장 | 안대회
편집 | 현상철·신철호·구남희·홍민정·정한나
마케팅 | 박인봉·박정수
관리 | 오시택·김지현
외주디자인 | 김상보
용지 | 화인페이퍼·화인특수지
인쇄제책 | 영신사

펴낸곳 | 성균관대학교 출판부
주소 | 03063 서울특별시 종로구 성균관로 25-2
등록 | 1975년 5월 21일 제1975-9호
전화 | 02)760-1252~4 팩스 | 02)762-7452
홈페이지 | http://press.skku.edu

ISBN 979-11-5550-154-2 03000
값 15,000원